SEX AND SIXTY

DU MÊME AUTEUR

L'Amour ultime : l'accompagnement des mourants,
avec Johanne de Montigny, Hatier, 1991, LGF ; Le Livre de Poche, 1997

La Mort intime
Ceux qui vont mourir nous apprennent à vivre,
Robert Laffont, 1995 et 2001 ; Pocket, 1997

L'Art de mourir. Traditions religieuses et spiritualité humaniste
face à la mort aujourd'hui,
avec Jean-Yves Leloup, Robert Laffont, 1997 ; Pocket, 1999

Croître jusqu'au dernier moment,
avec Edmond Blattchen Alice, 2001

Nous ne nous sommes pas dit au revoir
La dimension humaine du débat sur l'euthanasie,
Robert Laffont, 2001 ; Pocket, 2002

Doit-on légaliser l'euthanasie ?
avec André Comte-Sponville et Axel Kahn, L'Atelier, 2004

Le Souci de l'autre,
Robert Laffont, 2004
Prix « Livres et droits de l'homme » de la Ville de Nancy, 2004

Propositions pour une vie digne jusqu'au bout,
Le Seuil, 2004

Mourir les yeux ouverts,
Albin Michel, 2005 ; Pocket, 2007

La Sagesse d'une psychologue,
L'œil neuf, 2009

La chaleur du cœur empêche nos corps de rouiller,
Robert Laffont, 2008 ; Pocket, 2010

Une vie pour se mettre au monde,
en collaboration avec Bertrand Vergely,
Carnets Nord, 2010 ; Pocket, 2012

Qu'allons-nous faire de vous ?
avec Édouard de Hennezel,
Carnets Nord, 2011 ; Pocket, 2013

Nous voulons tous mourir dans la dignité, Robert Laffont, 2013

J'ai choisi de me battre, j'ai choisi de guérir,
avec Claude Pinault, Robert Laffont, 2014

www.laffont.fr
www.toslog.com/mariedehennezel
www.toslog.com

MARIE DE HENNEZEL

SEX AND SIXTY

Un avenir pour l'intimité amoureuse

Robert Laffont I Versilio

© Éditions Robert Laffont, S.A., Paris,
Versilio, Paris, 2015
ISBN 978-2-221-15665-0

À Tatanka Illé

« L'unique sortilège contre la mort,
la vieillesse, la vie routinière, n'est-il
pas l'amour ?[1] »

ANAÏS NIN

---

1. Anaïs Nin, *Journal*, Paris, Stock, 1972, vol. IV.

Avant-propos

Ce livre n'a pas la prétention de faire toute la lumière sur la question encore taboue de la sexualité des seniors. Ce n'est pas un essai exhaustif. J'avais abordé ce sujet dans le chapitre « Vieillir et jouir encore » de mon livre *La chaleur du cœur empêche nos corps de rouiller.* Je prolonge ici cette réflexion par une sorte de journal où j'essaie de trouver la juste mesure entre pudeur et impudeur, pour respecter le mystère et la profondeur de la vie amoureuse des personnes vieillissantes. J'invite donc le lecteur à me suivre dans ce voyage en marge d'un territoire inconnu, au fil de mes rencontres, des lectures de livres ou d'articles, de ma propre réflexion, et même de mes incursions sur des terres très lointaines, comme celles du tantrisme ou des arts d'aimer de l'Orient.

Quand on est un amoureux de l'amour, on le reste toute sa vie.

Il n'y a pas d'âge pour le désir amoureux, pour la joie érotique et l'intimité charnelle.

Il suffit de *laisser faire* les cœurs et les corps qui savent faire l'amour.

Mais si l'on cherche à retrouver ce que l'on a connu plus jeune, alors on est perdu.

Un avenir pour l'intimité amoureuse

J'appartiens à une génération qui a fait « la révolution sexuelle » des années 70, et a décidé de vieillir le mieux possible. Une génération qui prend soin d'elle, de sa santé, de sa qualité de vie et de ses plaisirs. Une génération tonique, disponible, solidaire de ses enfants et de ses parents, généreuse et égoïste à la fois, animée par l'envie de voyager, d'apprendre, d'explorer des domaines nouveaux. Bref une génération *désirante*.

C'est à elle, et à tous ceux qui approchent la soixantaine que je m'adresse dans ce livre. Hommes et femmes, ils ont peut-être déjà perçu les prémices du vieillissement sexuel de leur corps et s'interrogent sur l'avenir de leur sexualité. Ils savent qu'ils ont, pour la plupart, encore plus du tiers de leur vie devant eux. Comment le vivront-ils ? Avec ou sans amour charnel ?

Une récente étude[1] rendue publique par l'Institut du Bien vieillir Korian, sur les rapports entre l'âge et le plaisir, montre que si 12 % seulement des plus de 65 ans

---

1. « Âge et plaisir », enquête Ipsos, décembre 2013.

disent que *faire l'amour* est pour eux une source de plaisir, 36 % aimeraient que ce le soit. Il y a donc un assez grand décalage entre ceux qui *aimeraient* garder une activité sexuelle à cet âge, et ceux qui continuent à en avoir une, et à y trouver du plaisir.

Il y a donc manifestement des freins à l'épanouissement sexuel au-delà d'un certain âge. Certains sont liés à l'environnement, à la solitude, au regard que notre société jeuniste porte sur cette question. Mais d'autres viennent de l'image que chacun se fait de lui-même, de son corps – perçu comme désirable ou pas – et de la place qu'il accorde à l'Éros, au plaisir charnel, dans sa vie, en général, et dans sa vie de couple en particulier. Enfin le frein ultime est la difficulté à imaginer une *sexualité autre*, moins pulsionnelle, plus sensuelle, plus lente, où la connivence, la tendresse et l'intimité tiendraient la première place.

L'enquête que je mène depuis plus d'un an me prouve cependant qu'il n'y a pas de limite d'âge à la vie amoureuse, sexuelle et désirante, même si à partir d'un certain âge on la cache. Elle relève d'un intime secret, qui n'aime pas se donner à voir, mais qui joue pourtant un rôle essentiel dans la santé physique et psychique des seniors. Comme dans la Chine ancienne, elle est facteur de longévité heureuse. Certains disent même qu'avec l'âge « la sexualité est plus belle, dure plus longtemps, est plus érotique[1] », car la femme plus mûre se donnerait plus profondément, ouvrirait son corps et son être plus largement.

---

1. Émission d'Arte commentée par Marie de Hennezel, in *La chaleur du cœur empêche nos corps de rouiller*, Robert Laffont, 2008.

Cette poursuite de l'activité sexuelle relève-t-elle d'un tempérament, d'une disposition à l'amour que l'on a toujours eue, et que l'on entretient ? Certainement. Et l'on pourrait s'en tenir là. Se dire que lorsqu'on a été *porté sur la chose*, on le reste. Et qu'il n'y a pas de quoi en faire un livre. Mais la réalité est plus complexe.

Qu'est-ce qui pousse, par exemple, tant de sexagénaires, laissés seuls sur le chemin, à chercher l'âme sœur sur les sites de rencontres, dans une quête un peu illusoire de l'amour idéal ? On assiste, semble-t-il, à une seconde adolescence chez ceux qui profitent de la disponibilité de leur retraite pour vivre une sensualité qu'ils n'ont peut-être pas vécue plus jeunes.

Quelle est cette créativité amoureuse qui oblige les uns et les autres à évoluer dans leur manière d'aimer, à explorer de nouvelles jouissances, les femmes à s'abandonner davantage dans l'amour, les hommes à être plus lents et plus tendres, les couples à creuser le lit de leur intimité ? On verra en avançant dans ce livre tout ce que les seniors peuvent apprendre des arts érotiques venus d'Orient, comme le tantrisme ou le taoïsme.

Quels sont, enfin, les ressorts de l'attraction sexuelle d'un homme et d'une femme qui ne sont plus si jeunes ? Les normes de la jeunesse sont si prégnantes, dans notre modernité, que nous avons du mal à imaginer le jeu amoureux entre deux corps fanés par l'âge. Quel est ce désir qui ne se nourrit pas de la forme, de la beauté esthétique, mais d'autre chose ? Du charme de la personne, de la profondeur d'un regard, de l'éclat d'un sourire. Quel est ce désir qui se nourrit du plaisir d'être ensemble, dans une connivence des cœurs, de la douceur de la peau, du rythme et de la présence de l'autre, de l'émotion de la rencontre ? Et ceci même très tard dans la vie.

Ce sont les questions qui m'ont accompagnée tout au long de ce voyage au pays de l'Éros des seniors. Un voyage dont je suis revenue avec une certitude : cette intimité érotique à laquelle beaucoup aspirent mais que peu réussissent à vivre suppose une véritable mutation. Tous les experts le confirment, on ne peut plus faire l'amour à soixante ans comme on le faisait à quarante ans. Le corps ne suit plus de la même manière. Il faut donc laisser derrière soi le connu, le sexe performance, les fantasmes du passé, et « laisser faire l'amour », c'est-à-dire savoir prendre le plaisir tel qu'il est, tel qu'il vient, et ne pas se focaliser sur ce qu'il devrait être. La qualité de la relation est alors essentielle, ainsi que la capacité à créer une intimité au quotidien. De l'avis de beaucoup, on ne perd rien à cette sexualité moins génitale et plus érotique, au contraire.

En écrivant ce livre, j'espère apporter un regard différent sur l'avenir de notre intimité amoureuse. Je sais que nombre de seniors aimeraient avoir accès à cette nouvelle sexualité dont le philosophe Robert Misrahi dit qu'elle peut éventuellement « faire partie d'une embellie du grand âge ». Ceux qui ont la chance d'être encore en couple, mais que la lassitude a gagnés[1].

Ces amoureuses, souvent seules dans la vie, veuves ou séparées, mais qui rêvent d'une nouvelle rencontre.

---

1. Il y a vingt ans, une enquête du NORC (National Opinion Research Center), affirmait que près de 30 % des hommes et 26,7 % des femmes de plus de 65 ans ne font même pas l'amour une fois par mois.

Un avenir pour l'intimité amoureuse

Ces hommes qui vieillissent, et voudraient rester des amants, mais que taraude l'angoisse de perdre leur virilité et la peur d'être rejetés pour cela. Ils peuvent être tentés de se tourner vers des femmes plus jeunes pour entretenir l'illusion de leur jeunesse perdue. Mais ils peuvent aussi vouloir tenter une mutation de leur sexualité, dans leur couple.

J'espère enfin inviter la génération de nos enfants et petits-enfants à un regard plus bienveillant sur les amours de vieillesse. Afin qu'ils les respectent et les considèrent avec tendresse.

L'âge du désir et du plaisir

Au moment où je commence l'écriture de ce livre se tient à la Pinacothèque de Paris une exposition sur le *Kama-sutra*[1], sous-titrée « Spiritualité et érotisme dans l'art indien ».

Ce n'est sans doute pas inutile de rappeler à l'Occidental moyen qui continue à penser que le Kama-sutra est un livre pornographique, un traité d'acrobatie érotique, une collection de positions amoureuses, que ce texte très ancien est un « livre de vie » qui montre le rôle de la sexualité dans l'épanouissement des hommes et des femmes. Son but est de montrer que pour vivre heureux, il faut un équilibre entre le *dharma*, c'est-à-dire la vertu, l'*artha*, le bien-être matériel, et le *kàma*, l'amour et le plaisir. En vivant sa vie d'une manière érotique – c'est-à-dire en mettant la notion de plaisir au centre de tout ce que l'on fait et expérimente – on atteint, pour les Hindous, le *moksha*, le détachement, et l'éveil spirituel.

---

1. Un des textes majeurs de la littérature indienne, écrit au IVe siècle.

L'érotisme est une voie d'accomplissement et d'accès au divin. Sur le panneau explicatif à l'entrée, je lis : « Si dans le christianisme Dieu *est* amour, en Inde, Dieu *fait* l'amour[1]. » Et plus loin cette phrase que je livre à la méditation de mes lecteurs : « L'amour n'est point affaire de cœur mais de corps. »

En voyageant au milieu des gravures et des statuettes, je me disais que j'étais là au cœur d'une pensée radicalement différente de la nôtre, en Occident. On pense que pour atteindre le détachement, pour atteindre la sagesse, il faut une forme d'ascèse. Ici, c'est l'inverse. L'être humain qui a été au bout de sa quête du plaisir peut enfin se détacher. Car on ne se détache que de ce que l'on a pleinement vécu. C'est l'image du fruit qui ne se détache de l'arbre que lorsqu'il est mûr. En Inde, le troisième âge est l'âge de la maturité, et la qualité que cet âge se doit de vivre pleinement est bien le *kàma*, le désir amoureux et le plaisir.

Si l'on reste dans la sexualité performance, on est foutu !

Le troisième âge est-il vraiment, comme on l'affirme dans l'Inde ancienne, l'âge du désir amoureux et du plaisir ? Je me suis dit qu'avant même de commencer mon enquête il me fallait demander aux experts ce qu'ils en pensent. J'ai pensé aller voir mon ami François Parpaix[2],

---

1. Michel Angot, *L'Art érotique hindou*.
2. François Parpaix, *Pour être de meilleurs amants*, Robert Laffont, 2004 et son site www.couple-et-sentiments.fr.

sexologue près d'Évian, et puis Brigitte Lahaie, parce qu'elle est à mes yeux un témoin incontournable de la vie sexuelle des Français.

François me réjouit lorsqu'il parle de sexualité. Outre la compétence qui est la sienne puisqu'il voit chaque année des centaines de personnes, venues lui confier leurs problèmes, il a une façon imagée, poétique et crue à la fois de parler de ce dont personne n'ose parler. C'est par ailleurs un excellent comédien, auteur d'un spectacle « vif, plein d'autodérision, rythmé et convivial » qu'il a donné au Congrès de sexologie de Montréal en septembre 2014 : « Je suis sexologue et je me soigne. » Monologue drôle et bouleversant d'un médecin qui parle de son propre parcours sentimental et sexuel. Le spectateur s'identifie facilement aux difficultés et aux interrogations de cet homme. Et le message que François Parpaix réussit à faire passer, c'est qu'une vie sexuelle réussie dans un couple, c'est d'abord de l'intimité et de la séduction au quotidien.

J'aimerais qu'il me dise ce qu'il pense de ce paradoxe : d'un côté on nous affirme que la sexualité est un droit pour tous, quel que soit l'âge, que la poursuite d'une vie sexuelle est le meilleur secret de la longévité en bonne forme, que les vieux mythes selon lesquels sexualité rime avec jeunesse sont complètement faux, puisqu'un pourcentage important de seniors ont une vie sexuelle active et sont encore désirants, et de l'autre, on lit qu'il y a bien un vieillissement sexuel et que le désir décroît avec l'âge. Qu'en est-il dans la réalité ?

François est catégorique : « Il faut être raisonnable quand on parle du plaisir sexuel et du désir chez les seniors. » Oui, il y a bien un vieillissement sexuel.

Il ne faut pas se raconter d'histoires. Il y a d'abord un émoussement sensoriel, une lenteur à l'excitation, une diminution du désir lié aux modifications hormonales, un amortissement des réactions, des troubles de l'érection[1] chez l'homme qui « bande moins, moins longtemps, moins souvent, une sècheresse et une atrophie vaginales chez la femme, sauf si elle est sous THS[2], qui « mouille » moins et plus lentement. Il faut de plus en plus de temps pour arriver à jouir. Faire l'amour peut devenir fatigant, inconfortable car on perd en mobilité, en souplesse, on a des rhumatismes, des douleurs. La silhouette se modifie, on perd ses muscles, on grossit. L'image du corps est donc affectée. On se sent « vieux » dans le regard des autres et par conséquent moins désirable. Et puis, rajoute François, « il y a le poids des médicaments, des antidépresseurs, des diurétiques, des psychotropes qui écrêtent les émotions et les sensations de bien-être, des traitements contre le diabète. Tout cela a un impact sur la vie sexuelle et sur le désir, et d'ailleurs les deux tiers des seniors pensent que leur capacité à faire l'amour diminuera dans la décennie qui suit. »

Je suis un peu sonnée par ce tableau désespérant qui semble confirmer la croyance, profondément enracinée dans notre inconscient personnel et collectif, que le sexe *c'est pour les jeunes*. C'est bien d'ailleurs la représentation qu'en ont la plupart d'entre eux : la sexualité d'une personne âgée ne peut être que transgressive,

---

1. Troubles de l'érection : 34 % entre 60 et 69 ans, 53 % entre 70 et 79 ans et 81 % au-delà de 80 ans.
2. THS : traitement hormonal substitutif.

ridicule, déplacée et, devenu vieux, on ne peut plus inspirer ni éprouver du désir.

En rappelant cette réalité du vieillissement du corps, François voulait juste m'empêcher de filer vers trop d'angélisme à propos de la sexualité des seniors. Il me rassure : malgré le vieillissement sexuel, il y a une vie amoureuse et érotique après 60 ans[1], surtout si on a aimé faire l'amour quand on était jeune, et si on est toujours en couple. Mais il y a une condition : si on reste fixé sur une *sexualité de performance*, on est perdu.

« Les seniors qui ont connu le sexe de type décharge sont vite mis au pied du mur », précise-t-il, « ils n'ont aucune marge de manœuvre. Tant que c'est physio-logiquement opérant, pas de déception. Mais à partir du moment où la physiologie vieillit, la capacité des organes sexuels à mouiller, bander, éjaculer diminue, à partir du moment où on a du mal à prendre une position qui fait mal au dos ou aux hanches, où on s'essouffle, où la femme ne peut plus soulever 150 kg d'un coup de rein, on ne peut plus s'appuyer sur son corps. Cela peut d'ailleurs complètement décourager de faire l'amour. »

Développer une capacité érotique

Il faut donc commencer à développer autre chose : une capacité érotique, une compétence de séduction, une capacité à se laisser embrasser, caresser.

---

1. Presque toutes les enquêtes sont d'accord sur le fait que les quatre cinquièmes des hommes et les trois cinquième des femmes restent sexuel-lement actifs jusqu'à 70 ans. Ce pourcentage tombe à un tiers des hommes et un cinquième des femmes après 75 ans.

La persistance d'une vie amoureuse érotique au-delà de 60 ans exige une *mutation* de la sexualité. La qualité de la relation compte évidemment beaucoup. Prendre son temps, en laisser à l'autre, explorer une sexualité plus lente, plus sensuelle, plus caressante, plus ludique, où l'émotion et l'intimité prennent toute la place, savoir prendre le plaisir tel qu'il est, tel qu'il vient, et ne pas se focaliser sur *ce qu'il devrait être*. Voilà ce qui caractérise cette sexualité moins génitale mais plus érotique. Elle n'est pas moins satisfaisante, loin de là.

« Bien sûr, si l'on reste dans une sexualité pulsionnelle, et que l'on se compare à ce que l'on vivait à quarante ans, on se dit que c'est moins bien. C'est pourquoi, il faut changer de registre. »

François Parpaix insiste sur le fait que tout le monde ne peut pas faire cette mutation. Beaucoup de seniors préfèrent tirer un trait sur leur vie sexuelle, « parce qu'au fond cela ne les intéresse pas tant que cela... l'heure a sonné de tourner la page ». Mais d'autres « vont profiter de ce deuil à faire de leur " sexualité performance", parce que le sexe a toujours été important pour eux. Ils viennent me voir dans mon cabinet et ils me disent : "Ma femme reste belle et désirable à mes yeux", et la femme dit : "Mon homme, c'est encore un bon gaillard ! J'aime bien le regarder quand il fait ci ou ça." Je comprends alors qu'ils savent encore se séduire l'un l'autre et qu'ils ont toujours su mettre leur sexualité en mouvement par le chemin de l'érotisme. Ils ont une culture érotique qui date de leur prime jeunesse, sans doute ».

Décliner l'intimité au quotidien

Ainsi les seniors viennent surtout voir le sexologue lorsqu'ils nouent une nouvelle histoire d'amour après un veuvage ou une séparation. « Ce sont d'ailleurs surtout les femmes qui amènent leur compagnon. Celui-ci minimise son problème d'érection qui le perturbe pourtant énormément, alors que la femme attend autre chose de leur relation. Derrière le motif de la consultation, le sexologue que je suis découvre toute une *pathologie de l'intimité* ».

François Parpaix insiste encore une fois sur la nécessité de distinguer la sensation physiologique (qui ne peut pas être aussi forte à 60 ans qu'à 40 ans puisque les sensations diminuent) et la perception du plaisir, qui englobe en elle la qualité émotionnelle du lien.

C'est la raison pour laquelle, dit-il, on entend des femmes dire que la qualité de leur jouissance est bien meilleure après 60 ans. C'est la dimension de l'amour, la connivence intime, l'imaginaire émotionnel lié à la rencontre érotique qui donne cette impression d'atteindre une jouissance encore jamais connue. « Ces femmes-là, rajoute François, n'ont souvent pas besoin de l'érection de l'homme pour jouir[1]. Elles ont besoin

---

1. Un chiffre intéressant : une récente étude téléphonique auprès de 507 femmes françaises (entre 20 et 65 ans) montre qu'un quart des femmes interrogées sont confrontées à un problème d'érection de leur partenaire. Cela ne modifie pas leur satisfaction sexuelle (85 %). Et plus que l'absence de pénétration (3 %) c'est le manque de communication (18 %) de caresses compensatoires (17 %) ou le malaise de leur partenaire (38 %) qui les perturbent, comme la crainte que ce dysfonctionnement soit le signe d'une baisse du désir de leur partenaire. Colson (2005).

d'un climat affectif, de caresses, de baisers langoureux et profonds. Elles ont un imaginaire érotique et savent aussi être dans leur périnée et s'isoler dans leur plaisir. » Et de me donner l'exemple d'une de ses patientes de 75 ans qui lui a dit récemment qu'elle « se foutait pas mal que son mari ne bande plus ». « Avec trois fois rien, il me fait jouir. »

Mais les hommes ont du mal à comprendre cela. « Bander pour eux, c'est très important. C'est leur carte d'identité de mâle », me dit-il en me racontant la visite d'un homme de 94 ans, arrivant en taxi, avec sa canne, à son cabinet et lui disant : « Voilà je suis amoureux d'une femme de 75 ans. Quand je m'allonge contre elle, je n'ai plus aucune érection. J'ai perdu ma femme il y a quinze ans et je n'ai pas fait l'amour depuis. Donnez-moi du Viagra. » François lui en a prescrit mais il lui a expliqué que cette femme attendait peut-être autre chose.

Je demande à mon ami sexologue de m'en dire un peu plus sur ce défi du couple qui prend de l'âge. Il s'agit, me répond François, d'entretenir le sentiment amoureux ou à défaut la tendresse et le compagnonnage, en déclinant au quotidien des moments d'intimité.

L'art de franchir la distance, l'art de se rendre lisible, l'art de se poser dans sa masculinité ou sa féminité, l'art de rester accrocheur aux yeux de l'autre, l'humour, l'imagination, la sensualité, l'intensité dans les émotions, ça s'apprend. Séduire s'apprend. Ainsi François donne des « trucs » à ses patients.

Par exemple, pour entrer dans l'intimité érotique, instituer un rituel pour mettre les énergies sexuelles en contact : se regarder une minute par jour dans les yeux, s'enlacer chakra du cœur contre chakra du cœur, sexe contre sexe, respirer ensemble, 20 secondes tous les jours, cela fait monter le désir. Le couple entre dans une sorte de danse érotique, que François aime appeler « l'entre-deux intime érotique » (E2IE), l'art de conduire à deux l'excitation sexuelle, jusqu'au plaisir, par petites touches en pleine conscience, palier par palier, ni trop vite ni trop lentement, des préliminaires jusqu'à la communion érotique voluptueuse qui peut fort bien se passer de « l'orgasme-décharge ». Ce type de volupté prend une place prépondérante chez les seniors et elle se substitue même souvent au coït. C'est bien d'un art érotique qu'il s'agit, sans contrainte ni norme, avec droit à l'échec, quels que soient les moyens mis en œuvre : caresses, sex-toys, positions, tenant compte de l'expérience et de la vulnérabilité de chacun.

François me fait remarquer que cette intimité érotique suppose de se laisser aller à ce que l'on sent, et de ne pas se préoccuper de son image. Beaucoup trop de personnalités narcissiques ne peuvent entrer dans cette danse érotique, car elles ne cessent de s'observer et sont bloquées par l'image qu'elles ont d'elles-mêmes : je ne me trouve pas beau, j'ai des plis, de la cellulite, mon sexe est nul, ah quand je pense au galbe de mes fesses, à la poitrine que j'avais ! Cette façon de se comparer avec ce que l'on était plus jeune est vouée à l'échec de toutes les façons.

Mais, dit-il, tous les couples ne sont pas concernés par ce niveau d'intimité, si le sexe ne les intéresse plus ou s'il tombe en panne. « Il faut cesser de vendre la sexualité à ces couples-là, cesser de vendre le sexe miracle jusqu'à 90 ans. » On peut vivre une proximité charnelle, un compagnonnage, une connivence intime sans que les organes sexuels soient impliqués.

C'est pourquoi François tient beaucoup à ce que les trois autres niveaux soient considérés aussi comme des « façons de faire l'amour » : la tendresse, l'empathie conjugale, la complicité.

François préconise de créer un rituel d'intimité tendre : « Se caresser des yeux, poser sa main, s'éloigner, se rapprocher, s'effleurer des lèvres, s'enlacer, être l'un à côté de l'autre. Il ne s'agit pas de se blottir en femme enfant ou homme enfant dans les bras de l'autre. Car ce n'est alors qu'une recherche de sécurité, de protection, et cela fausse les choses. »

Pour entretenir l'empathie conjugale et la connivence, il propose de savoir prendre un temps pour s'asseoir, se raconter ce qu'on fait, partager les émotions que l'on a eues dans la journée, se dire ce qu'on perçoit de l'émotion de l'autre. « Tiens, je te sens émue ! » Mais aussi manifester de la gratitude pour ce que l'autre apporte, savoir établir une complicité dans les projets communs.

François Parpaix affirme que si ces trois derniers niveaux d'intimité existent dans le couple, celui-ci est heureux, même s'il ne fait plus l'amour « génitalement ».

Ce n'est pas donné à tout le monde

Nous partageons François Parpaix et moi une vraie admiration pour Brigitte Lahaie.

Dans le cadre de son émission sur RMC « Lahaie, l'amour et vous », des auditeurs de tous bords lui confient leurs problèmes sexuels. Parce qu'elle est « celle qui sait, qui a tout vécu, qui a tout essayé ou presque, et à qui on peut tout avouer » en confiance.

Lorsque je lui pose la question : « Brigitte pensez-vous que le troisième âge soit l'âge du désir et du plaisir ? », sa première réaction est une moue dubitative. « J'ai soixante ans, et je peux vous dire que c'était mieux quand j'avais quarante ans. J'étais plus souple, plus désirable. » Comme je lui fais remarquer que dans son livre, écrit il y a une dizaine d'années, elle affirmait que l'amour n'a pas d'âge et qu'on peut « pratiquer le sexe jusqu'à sa mort[1] », Brigitte admet que ça peut exister mais que cela reste exceptionnel.

Elle aussi, tout comme mon ami sexologue, se refuse à vendre l'idée que le sexe serait mieux à 60 ans qu'à 40 ans. « La plupart des femmes de plus de 60 ans souffrent du vieillissement sexuel. Et puis beaucoup d'entre elles n'ont jamais réussi à être vraiment épanouies dans leur vie érotique. On ne va pas leur faire croire que cela va être mieux en vieillissant. Il ne faut pas oublier aussi que plus elles avancent en âge, plus elles se retrouvent seules. Et quand on est seule, avec une estime de soi pas trop solide, des blessures au fond du cœur, on sombre vite dans la dépression. On se replie sur soi, on se détache en se durcissant. La sexualité est reléguée au rayon des souvenirs anciens, et l'idée même d'une sexualité épanouie paraît saugrenue. »

---

1. Brigitte Lahaie, *Le Couple et l'Amour*, Flammarion, 2005 ; J'ai Lu, 2006, p. 137.

Brigitte est évidemment témoin des frustrations et des échecs : la difficulté des hommes à être à la hauteur, celle des femmes qui se demandent si elles font assez l'amour, si elles ont de vrais orgasmes. Des femmes souvent mal dans leur corps, pas si libérées que cela, malgré l'évolution des mœurs et la parole autour du sexe. Des femmes sous l'influence normative des magazines féminins qui donnent une vision mécaniste de la sexualité, en décalage total avec ce qu'elles ressentent intimement. Une obligation de performance, donc, qui ne les aide pas à vivre une sexualité heureuse et épanouie.

La « sexualité épanouie » quand on prend de l'âge, Brigitte Lahaie a donc du mal à y croire. Mais elle reconnaît que, lorsqu'il y a une vraie intimité amoureuse, des couples peuvent ressentir une *jouissance autre*, en effet plus lente, plus profonde. Plus dans la communion que dans l'excitation.

Nous sommes donc bien d'accord. La sexualité ne peut être *la même*. Mais elle n'est pas moins épanouissante pour autant : ainsi Paul, 66 ans, lui confie-t-il qu'il fait toujours l'amour une à deux fois par semaine. « Les câlins, la tendresse ont pris désormais le dessus dans mes rapports avec mon épouse. Je ne vais pas prétendre être capable des mêmes performances qu'il y a trente ans. Mais tout de même : ma vie sexuelle reste très, très satisfaisante. »

Que penser alors du témoignage de Line, 75 ans, qui affirme que plus elle vieillit et plus « sa vie sexuelle est merveilleuse ». Elle a un nouveau compagnon de 66 ans et connaît avec lui « des orgasmes extraordinaires[1] ».

---

1. *Ibid.*, p. 141.

Voilà qui fait écho aux témoignages rapportés par le sexothérapeute Alain Héril[1]. Ainsi Mathilde, 68 ans, qui a « des orgasmes à foison » et se découvre « femme fontaine ». « Pour la première fois de sa vie (à plus de soixante ans), elle sent son cœur chavirer, elle ressent la force étonnante d'un désir qui la submerge du matin jusqu'au soir... elle prend plaisir à découvrir des émois adolescents. » Et Rosemonde, 70 ans, qui dit « être dans la grandeur de son désir » et s'y sentir bien. Elle ne veut pas dire qu'elle n'a rien vécu de tel auparavant, mais que ce qu'elle découvre avec son second mari est « *inattendu et magique* ». « Ce n'est pas plus fort, dit-elle, c'est *plus ouvert, en expansion*[2] ».

Alain Héril avoue avoir été profondément touché chaque fois que des femmes lui ont fait le récit de ces moments exceptionnels, qui les font pleurer de joie, qu'elles n'avaient jamais ressentis ni même envisagés auparavant. « Dans ces moments-là, la sexualité est investie *d'une énergie centrée uniquement sur la grâce du plaisir*... Ce qui se délivre est simple et solaire. On n'a plus grand-chose à se prouver l'un à l'autre[3]. »

« Mais ces femmes-là, rétorque Brigitte Lahaie, sont des femmes qui ont toujours été de grandes amoureuses. Elles sont libres dans leur corps, elles ont une identité féminine bien établie. Elles ont toujours aimé faire l'amour et ont appris comment s'ancrer dans leur jouissance. Elles sont portées par une curiosité, une pulsion de vie solide et conquérante, qui les pousse à explorer

---

1. Alain Héril, *Femme épanouie, les âges sexuels de la femme*, Payot, 2012, p. 97.
2. *Ibid.*, p. 99. C'est moi qui souligne.
3. *Ibid.*, p. 99. C'est moi qui souligne.

des territoires inconnus. Tout le monde n'en est pas capable. La vraie question, c'est pourquoi certaines en sont capables et pas d'autres ?

Où sont les freins ?

Dans les semaines qui suivent, je cherche à comprendre ce qui fait obstacle à l'épanouissement charnel, quand on avance en âge.

Pour faire l'amour, il faut être deux. Et bien des femmes au-delà de 60 ans se retrouvent seules, après un divorce ou un veuvage. Elles ne portent pas, comme les grands-mères d'autrefois, un petit ruban noir autour du cou, appelé alors un « je ne baise plus », mais c'est tout comme. Mis à part celles que les hommes n'intéressent plus du tout et qui se sentent même soulagées de ne plus être obligées de faire l'amour, celles qui trouvent « cette gymnastique bien compliquée », et sont tout à fait satisfaite d'avoir tiré un trait sur leur vie sexuelle, il y a toutes celles chez qui le désir n'est pas mort du tout. Elles aimeraient, dans leur for intérieur, rencontrer un nouvel amant, à défaut d'un compagnon de vie. Et pourtant, elles n'en rencontrent pas. La solitude est-elle insurmontable ?

Tous les psychanalystes diront qu'elles ne sont pas prêtes, ni même au clair avec ce désir un peu flou de retrouver une vie sexuelle.

C'est pourquoi ce temps de solitude, très fréquent autour de la soixantaine, est un temps de maturation. C'est l'occasion d'apprendre à être bien avec soi-même, une bonne compagne pour soi-même. C'est le moment rêvé pour construire une vraie autonomie, savoir ce que l'on veut vivre, ce que l'on aime, ce qui compte.

Les cabinets de sexologues se remplissent actuellement de sexagénaires qui veulent devenir des « sexigénaires ». On pourrait croire qu'elles sont victimes de cette pub insensée des médias autour de l'épanouissement sexuel, et que, se sentant vieillir, elles veulent y accéder, si elles ne l'ont pas connu, avant d'être complètement « rangées des voitures ». En fait, leur démarche est plus profonde : elles font partie de la génération du baby-boom, celle qui a fait Mai 68, celle qui a connu une pseudo-libération sexuelle. Je dis bien *pseudo*, puisqu'il n'a pas suffi que l'on parle librement de la sexualité pour que les femmes accèdent à une vraie liberté érotique. Cette génération sent bien aujourd'hui, dans sa *jeune vieillesse*, qu'elle est souvent passée à côté de l'essentiel de la joie érotique. Elle sent bien que la dimension érotique est une dimension essentielle de la personne humaine, une « dimension sacrée ». Source de joie et d'équilibre. Les femmes de ma génération l'ont peut-être négligée au cours de leur existence. Elles sentent obscurément qu'il y a une manière *spirituelle* de vivre la rencontre, la connivence charnelle avec l'autre, et elles veulent vivre cela avant de mourir.

Elles ont compris qu'un travail sur soi, sur son désir, sur son identité de femme vieillissante était indispensable.

Comment se sont-elles construites dans leur sexualité ? L'histoire de chaque femme recèle évidemment toutes les énigmes, toutes les clés. C'est la première chose qu'un sexologue tentera de comprendre. A-t-on été abusée sexuellement ? Violée ? Un nombre impressionnant de femmes ont été victimes d'attouchements dans leur enfance, et cette violence laisse des traces profondes. Il faut une capacité de résilience forte pour arriver à surmonter la peur ou le dégoût de l'homme que ces abus ont installé.

A-t-on vécu une sorte de « guerre des sexes » enracinée dans une piètre image de l'homme ? Un prédateur ? Un obsédé sexuel, un salaud « qui ne pense qu'à ça » ? Cette image est souvent héritée d'un père ou de la manière dont une mère parlait des hommes en général. Ou bien a-t-on eu la chance d'être attirée dès le début de sa vie par les hommes, de découvrir en eux des êtres doux, fragiles, tendres, qu'on a envie de protéger ou de séduire ?

Il faut aller voir du côté des interdits liés à l'éducation ou à la religion. Ils ont leur poids, notamment dans la manière dont les femmes vivent leur nudité. Il faut interroger l'image intuitive qu'une femme a de la sexualité de sa mère. Nous savons à quel point une mère peut inconsciemment interdire ou au contraire autoriser sa fille à jouir. Alors s'est-elle construite en adhérant à la jouissance supposée de sa mère ou au contraire en la refusant ? En s'opposant à la non-jouissance de sa mère ou en y adhérant ? Le tabou sur la sexualité est levé depuis quarante ans, et pourtant la majorité des sexagénaires sont encore emboîtées, sans le savoir, dans la sexualité des femmes de leur famille.

Il y a un âge où il n'est pas trop tard pour faire du ménage dans sa vie, et pour se libérer du poids du passé. Et je pense, personnellement, que le passage à la soixantaine peut être un bon moment pour s'atteler à cette tâche. Je suis toujours émerveillée de voir la transformation qui s'opère chez les femmes qui ont le courage de faire cette démarche. Une psychothérapie, même brève, permet d'ôter les blocs de béton qui encombrent le lit du fleuve désir. Cela vaut la peine de s'y risquer.

Une fois que l'on s'est libéré des entraves du passé, est-on prêt à la révolution narcissique indispensable à la liberté érotique à cet âge ?

Je repense au témoignage de cette femme de 70 ans qui, lors d'un de mes séminaires sur l'art de bien vieillir, s'est exclamée : « Je ne vois rien de très sexy ni de physiquement attirant à tous ces plis et ces flétrissures de notre peau. Elle s'abîme en vieillissant. Je ne crois pas du tout à cet angélisme qui cherche à nous faire croire que "c'est de mieux en mieux". Admettons avec sincérité que l'on perd ce qui fait le plaisir de nos 40, 50, voire encore 60 ans, et que c'est la tendresse, la douceur des souvenirs qui enjolivent ce qui reste de sexuel. Vieillir n'a rien d'excitant ! »

Tant de femmes manquent d'estime de soi, guettent dans le miroir les transformations de leur visage. Elles se trouvent moches, et en concluent qu'aucun homme ne pourra les désirer. Il y a cette petite voix intérieure qui juge que l'on n'est plus désirable, et si par hasard une rencontre a lieu, ces femmes-là s'observent, se raidissent, se ferment au lieu de se laisser aller à ce qu'elles sentent.

La révolution narcissique, c'est celle que Woody Allen définit ainsi : « Je ne me regarde plus jamais dans la glace, car c'est désespérant, je regarde à l'intérieur de moi parce qu'à l'intérieur je suis jeune. » C'est valable pour les femmes aussi, bien sûr ! Il s'agit de passer du « corps que l'on a », celui qu'on voit dans le miroir, au « corps que l'on est », la corporalité animée, le corps ressenti. « Je me fiche pas mal de voir mon corps vieillir, me dit une amie de mon âge, je me sens bien à l'intérieur. » Cette femme-là cherche d'abord à être bien avec elle-même, à se faire du bien. Elle a compris que les changements de son corps n'ont rien à voir avec la force de son désir. Elle estime plus important d'être radieuse que ridée. Elle reste jeune dans sa tête et cela se répercute sur son allure, son port de tête, sa manière de s'abandonner au lit. Comme toutes les femmes qui se sentent jeunes intérieurement, elle prend soin d'elle, s'habille avec soin, se parfume, entretient sa silhouette en nageant ou en faisant du yoga, bref elle cherche à donner une image agréable d'elle-même. Pas besoin de chirurgie esthétique pour cela. Jean-Luc Nancy n'a-t-il pas écrit dans *La Jouissance* : « Une femme est belle quand elle se sait désirée. » On pourrait ajouter : et elle est désirée lorsqu'elle est désirante. Il est certain que rester fixé sur son image de femme jeune n'aide pas à opérer cette révolution narcissique.

Seconde adolescence

Le boom de la sexualité des seniors

On lit tous les jours des articles sur le « boom de la sexualité des seniors ». Un phénomène qui semble fasciner les journalistes entre 35 et 50 ans. Car il s'agit de la sexualité de leurs parents. Des parents qui vivent quelque chose qui n'a rien à voir avec ce que vivaient leurs propres parents, au même âge. On assiste donc bien à un changement. Et on en connaît les leviers : les progrès de la médecine, l'évolution des mentalités, la primauté du plaisir, le désir de rester jeune le plus longtemps possible.

La génération du baby-boom, celle qui a libéré la sexualité, institué la contraception, légalisé l'avortement, n'hésite pas à divorcer à plus de 60 ans et à se remettre en couple pour une vie affective et sexuelle qu'elle espère meilleure que celle qu'elle a eue jusqu'alors[1]. Mais

---

1. Le nombre des divorces des plus de 60 ans a probablement doublé depuis vingt ans et un quart des 54-64 ans ont déjà vécu une séparation. Une étude datant de dix ans (Monténégro, 2004) montre que 57 % des hommes et 54 % des femmes disent avoir une vie sexuelle active une fois remariés. Tout pousse à croire qu'aujourd'hui, dix ans plus tard, le pourcentage est encore plus élevé.

c'est une génération fragile, très dépendante des critères jeunistes de la modernité, et finalement pas si libérée que cela. En mettant de la sexualité partout, les médias ont établi des normes dont il n'est pas facile de se dégager. Il y a une obligation de jouir assez contraignante. Ce « droit à l'orgasme et au désir » s'inscrit dans un souhait de longévité et de vieillissement réussis[1].

« On a vu naître ces dernières années des fantasmes accessibles par des vidéos porno. Les hommes passent parfois des journées entières, une fois à la retraite, sur leurs ordinateurs à regarder des films, à se masturber parfois jusque tard dans la nuit. Quand ils vont sous la couette, il n'y a plus personne », me disait le sexologue François Parpaix. « Les femmes quant à elles ne sont pas en reste. Autrefois elles se seraient ennuyées, aujourd'hui elles chattent sur internet. C'est plus affectif, plus sentimental, mais finalement ces plaisirs que chacun prend de son côté, ce manque d'intimité dans le couple, aboutissent souvent à des séparations. Mais comme les hommes détestent vivre seuls et que les femmes cherchent le grand amour, ils se mettent sur le marché de l'amour. Une fois sur les sites de rencontres, ils se rendent compte qu'ils ont du mal à reprendre une vie sexuelle. Alors, ils viennent me voir pour demander la petite pilule bleue ou un gel lubrifiant pour la femme. »

Derrière cette demande physiologique, il y a un problème plus profond. Ils se trouvent confrontés à ce

---

1. Les chiffres sont là : un homme qui a deux rapports sexuels par semaine, à partir de 60 ans, augmente son espérance de vie de 50 % et peut ainsi gagner dix ans de vie.

qu'ils croyaient avoir mis de côté. Ils ont parfois l'impression d'avoir été de mauvais amants ou de mauvaises amantes, de n'avoir pas vécu grand-chose et veulent le découvrir avant qu'il ne soit trop tard.

En fait, ils ont encore tout à apprendre, et c'est sans doute pour cela que les ébats amoureux des sexagénaires font penser à une « seconde adolescence ».

François Parpaix les appelle avec affection et humour « les analphabètes sexuels ». Ils profitent de leur élan amoureux pour lire, voir des films coquins ensemble. La chimie de leur corps se réveille. Cela leur redonne un coup de jeune.

Cela peut être un piège qui se referme sur eux lorsque le corps ne suit pas, mais cela peut être aussi l'occasion pour eux d'inventer une nouvelle sexualité, parfois même de construire une deuxième vie sexuelle. Cela demande alors de faire le deuil de la sexualité d'avant, la sexualité performance qu'on avait plus jeune, pour accéder à cette *sexualité autre* dont je parlais au début de ce livre. Une sexualité plus relationnelle, plus sensuelle et plus tendre.

Adolescenter les corps et les cœurs

Cette seconde adolescence a pourtant un prix : la destruction du couple.

Je viens d'écouter le philosophe Yann Dall'Aglio[1] au festival de Cabourg, « Une autre façon d'aimer ». L'auteur s'intéresse justement à l'évolution de notre

---

1. Yann Dall'Aglio, *Jt'm, l'amour est-il has been ?*, Flammarion, 2012.

façon d'aimer. Nous cherchons aujourd'hui à vivre l'amour dans le couple, et force est de constater que cela ne marche pas bien. Car ce qui faisait tenir les couples autrefois n'était pas l'amour, mais le devoir et la nécessité. Aujourd'hui, « nous désirons connaître au sein du mariage l'intensité affective que seuls la distance et l'interdit [...] avaient jusque-là produite[1] », dit-il. Cela ne peut mener qu'à la « décomposition des liens » et à la déconstruction des couples. On se lance donc dans une quête romantique passionnée, régie par les normes et les exigences consuméristes : effectivité, performance, jouissance à tout prix.

Et quand les rubriques « love and sex » des magazines parlent « d'efforts à consentir, de techniques à suivre », « ce n'est pas pour donner à l'amour une dimension humaine [...] ou convertir leur passion en tendresse, en amitié, en rires complices... », dit Yann, mais pour, « à coups d'acrobatie kama-sutriques, de garde-robe et de cadeaux, de régime et de cosmétique, ressusciter la passion disparue, *adolescenter les cœurs et les corps...* Et quand on voit ces hommes et ces femmes fatigués, meurtris, dont le corps a été traversé au propre comme au figuré par un ou plusieurs divorces, une ou plusieurs grossesses, s'attifer comme des kids, s'époumoner sur les tapis roulants des clubs de gym, s'encrémer la peau et arborer un sourire blanc lessive ; quand on les entend dire qu'ils sont à la recherche pour la troisième, la quatrième, la énième fois du "grand amour", on ne peut pas y croire[2] ».

---

1. *Ibid.*, p. 69.
2. *Ibid.*, p. 70.

Le psychanalyste Jean-Michel Hirt[1] est témoin lui aussi des ravages que font les émissions sur l'amour, ou les séries qui commandent d'être toujours plus heureux, plus amoureux, plus désirables sur une génération qui s'est construite sur le culte d'elle-même. On attend trop du lien conjugal : une parfaite harmonie, un épanouissement mutuel, des certitudes intactes. On comprend qu'il soit difficile de se détacher de tous ces miroirs.

Le fantasme de l'amour idéal

« Le mythe du prince charmant et de l'âme sœur a repris de plus belle dans nos inconscients », écrit Alain Héril sur un chat du site Psychologies.com. Ce mythe touche maintenant les sexagénaires. Même s'ils ne sont pas encore très nombreux (moins de 10 %) à s'inscrire sur un site de rencontres, ils espèrent rencontrer le grand amour.

Certains, mais ils sont encore rares, y parviennent. Ils trouvent leur aiguille dans la botte de foin. D'autres sont déçus et finissent par quitter le site.

J'ai réuni chez moi un petit cercle de femmes seules inscrites sur Attractive World, le « site des célibataires exigeants ». Elles ont parlé à bâtons rompus de leurs expériences. Nous avons évoqué toutes les émotions qui précèdent le geste symbolique de la première inscription : la peur du risque. Est-ce qu'on ne va pas tomber sur des « tordus », des « pervers » ? La honte :

1. *Psychologies Magazine*, février 2012.

« Qu'est-ce qui me prend d'aller me vendre sur la toile ? », « C'est glauque ! », « Je n'ai pas besoin de ça ! ». Nous avons parlé du courage qu'il faut pour s'exposer, reconnaître qu'on a besoin d'amour, qu'on ne supporte plus d'être seule. L'exercice de rédiger son profil est déjà une expérience en soi. Cela oblige à se mettre face à soi-même, à se définir lucidement. C'est un acte de conscience. Au final nous avons beaucoup ri. Flo92, ancienne journaliste connue, âgée de 69 ans, raconte sa première rencontre avec un grand patron de presse à la retraite. Ils se sont reconnus et ont partagé un bel éclat de rire. Qu'est-ce qu'ils faisaient l'un et l'autre sur ce site ? Ils se sont avoués qu'ils étaient tellement connus que leur notoriété était devenue un obstacle. Et puis, ils étaient entourés de couples bien établis dans la vie. En avançant masqués, ils avaient plus de chances de rencontrer des gens libres. Pimprenelle, 62 ans, pharmacienne, joli sourire dans un visage rond, se plaint que tout le monde triche. Il semble, dit-elle, que les hommes aillent explorer le profil des autres et fassent « de vrais copier-coller ». Bref, tous les profils se ressemblent. « Les hommes ne fument pas ou peu, font tous du sport trois fois par semaine, ont tous un niveau bac +5, ne boivent que deux verres de très bon bordeaux, aiment voyager en Italie et en Asie, exhibent des photos d'eux avec dix ans de moins, disent ne pas avoir renoncé à rencontrer l'amour de leur vie. Ils cherchent tous une femme belle et intelligente. » Oui, confirme Jaimelavie, (65 ans), « les profils sont tous idéaux et donc mensongers ». La réalité est tout autre. Quand elle a commencé à échanger des messages, les propos étaient souvent agressifs. Un des hommes à qui elle avait laissé une demande de chat lui a demandé « comment elle osait se mettre sur un site avec la tête qu'elle avait » ! Cela l'a traumatisée. Elle a changé la photo de son profil pour la remplacer par une autre prise dix ans plus tôt. Je lui fais remarquer qu'elle s'est mise en difficulté. Non, car un homme lui a proposé un café, mais c'est elle qui a eu un choc. Le type avait mis lui aussi une photo de lui prise dix ans plus tôt en Égypte belle tête virile bien bronzée qui lui a plu. Mais en face d'elle, il avait perdu dix kilos, il faisait vieux. Il avait un blouson râpé et mauvaise mine. Elle a payé son café et elle est partie. La rencontre suivante, c'était un homme d'une ville du nord de la France qui cherchait une femme avec un bon niveau intellectuel et une bonne retraite en vue. C'était clair, au moins, comme motivation. Elle lui a proposé une soirée à l'Opéra. Il a pris une chambre d'hôtel et ils ont passé le week-end ensemble mais il ne s'est rien passé entre eux. Il a vaguement cherché à l'embrasser, mais elle s'est découverte très froide. « Vous comprenez, me dit-elle, je n'ai pas couché depuis sept ans ! » Josie (70 ans) prend alors la parole. Elle confirme que « tous les mecs n'ont qu'une chose en tête, c'est de baiser ». Elle a essayé de prendre contact avec des hommes de son âge, des septuagénaires, mais ils lui ont tous répondu qu'ils cherchaient une femme plus jeune. Jusqu'au jour où Cestbienmoi l'a contactée. Il disait avoir 69 ans. En fait, il en avait 75. Sa femme l'avait quitté et il ne supportait pas sa solitude. Ils ont échangé des messages pendant quinze jours puis ils se sont parlé au téléphone. Il avait une voix jeune et joyeuse. Cela l'a convaincue. Ils ont décidé de déjeuner ensemble. Il s'est montré très gentil et généreux. Il cherchait surtout une compagne, avec qui « passer des soirées au coin du feu, parler, faire des câlins ». Josie s'est dit qu'il ne fallait pas être trop difficile. Les six mois qu'elle venait de passer sur le site l'avaient refroidie. Elle voit Cestbienmoi de temps en temps. Ils développent une amitié douce qui lui convient. Angelina (64 ans), très belle brune pétillante, avoue que sur le site elle en annonce 58. Elle a changé deux fois de profil, car malgré la jolie photo qu'elle avait mise, elle recevait très peu de visites. Une amie l'avait convaincue de mentir sur son âge, d'autant plus qu'elle faisait plus jeune. L'effet a été instantané : une dizaine de messages sont arrivés. Elle a « flashé » sur l'un d'entre eux, parce qu'il faisait du yoga. Elle avait annoncé qu'elle voulait « rencontrer quelqu'un qui ait une dimension spirituelle ». Le coup de foudre a été immédiat. Elle nous dit qu'elle a voulu venir à cette soirée chez moi pour « encourager les copines ». La bonne rencontre est possible. Églantine, 70 ans, prend enfin la parole pour dire qu'elle a décidé de quitter le site. Les deux ans qu'elle a passés dessus, à tenter de rencontrer l'âme sœur, lui ont permis de « faire son deuil d'une rencontre ». Elle dit que cela l'a rendue plus lucide et donc plus sage. Elle trouve que sa vie en solo n'est pas si mal que cela. Et puis, « si le hasard frappe à ma porte, ma porte n'est pas fermée ! »

Une noria d'amants

Florence, 69 ans, me raconte son expérience. Divorcée deux fois, elle vit seule depuis cinq ans. Elle n'a jamais eu une vie aussi remplie que depuis qu'elle est à la retraite avec les enfants, les petits-enfants, le bénévolat, un club de femmes. Elle a eu quelques aventures sans lendemain, a noué quelques belles amitiés, mais l'âme sœur qu'elle aurait aimé rencontrer se fait attendre. Elle s'est habituée à sa solitude, et ce n'est pas tant un homme avec qui vivre au quotidien qu'elle cherche qu'un compagnonnage de qualité : un homme de cœur, qui l'emmène en week-end et en voyage. Une amitié amoureuse, peut-être. Elle se demande d'ailleurs pourquoi elle ne le trouve pas. Est-elle trop occupée, trop exigeante ? A-t-elle un idéal d'homme trop élevé ? Un de ses amis psychanalystes lui a dit un jour que les femmes qui avaient, comme elle, trop d'admiration pour leur père, ne trouvaient jamais d'hommes à leur hauteur !

Une de ses amies l'a convaincue de s'inscrire sur un site de rencontres. Elle a résisté longtemps, disant que rien ne valait le hasard, puis s'y est résolue, *pour voir* ! Son amie lui a fait remarquer que le hasard aujourd'hui, c'est sur les sites qu'il se manifeste.

Elle s'est donc prêtée en riant à cet exercice qui consiste à « rédiger son profil ». Cela oblige à se présenter, à dire ce que l'on cherche. Un exercice particulièrement violent aussi, car d'une certaine façon on se réduit à la qualité d'un objet de désir, que les hommes vont aller regarder comme on regarde un produit sur les rayons d'un supermarché. On fait d'ailleurs la même chose de son côté. Florence a donc rédigé un profil très complet, plutôt honnête, assorti de jolies photos récentes, montrant son beau sourire et ses belles rides. Elle a choisi aussi une photo d'elle en maillot de bain sur une chaise longue, histoire de montrer que son corps n'était pas mal non plus. Le premier homme qui l'a contactée lui a laissé comme message : « Vous êtes la plus sexy des sexas d'AW. » « Il ne sait sans doute pas à quel point il m'a fait du bien », raconte-t-elle.

À la question « Qu'attendez-vous d'AW ? », elle a répondu : « Je cherche le triple AAA, Attirance, Affection, Admiration. » Elle a précisé qu'elle n'aimait pas les hommes radins et pessimistes et aussi qu'elle aimait faire l'amour.

Avec son amie, elles sont allées tous les soirs lire leurs messages et visiter les profils des hommes dont la photo de profil leur plaisait. En riant, elles laissaient défiler les photos, jaugeant, critiquant, commentant. « Oh celui-là a une belle gueule ! Celui-là a l'air triste, trop vieux, moche... oh regarde la manière dont il est habillé ! Et cette manière de frimer devant un voilier, ou devant le lac Inlee, ou encore en tenue de ski ou sur un parcours de golf ! » Au bout de quelques jours, elles ont décidé de répondre à certains messages. Florence a repéré un homme qui avait une belle tête virile, bronzé, du même âge qu'elle. Il y avait quelque chose de sensuel dans son visage qui l'attirait. Elle lui a envoyé un message pour le lui dire, et il a répondu tout de suite. Il lui a proposé de prendre un café aux Éditeurs, près de l'Odéon ; juste en précisant qu'il n'avait jamais rencontré une femme qui ose dire sur le site, de manière si directe, qu'elle aimait faire l'amour. Cela l'intriguait. Aussi, il voulait bien faire sa connaissance.

C'était un bel homme, en effet, et ils ont éprouvé une attirance réciproque évidente. Ils se sont embrassés dès la seconde rencontre. Elle l'a invité dans la maison qu'elle a en Normandie et ils ont fait l'amour comme des fous. Elle l'a baptisé son « maître d'amour » car il connaissait les femmes et savait leur donner du plaisir. Elle s'est sentie rajeunir de dix ans. Ils sont partis à Venise, faire du ski dans les Alpes, ont passé un week-end en amoureux à la Rochelle. Au lit, cela allait donc très bien, mais en dehors, les choses sont devenues compliquées. Il venait d'un monde trop différent, n'avait pas un sou, calculait tout, et elle ne supportait pas cela. Il passait des heures devant la télé, ce qu'elle détestait. Il avait souvent l'air sombre et n'était pas drôle du tout. Bref, au bout de deux mois, elle s'est réveillée. Ils n'étaient pas du tout faits l'un pour l'autre et elle s'est rendu compte qu'être du même milieu social et partager les mêmes goûts, c'était tout de même important. Elle s'est demandé comment elle avait pu se lancer à corps perdu dans une aventure aussi immature. « Corps perdu » est bien le mot. Elle avait besoin de « se sentir femme », et la grande qualité de cet homme était qu'il était un très bon amant. Ils ont continué à faire l'amour pendant deux mois encore, et puis il l'a quittée brutalement car, sans doute plus mature qu'elle, il s'est rendu compte que leur lien ne menait nulle part. Elle a trouvé sa manière de prendre congé très peu élégante, un brin mufle, surtout qu'il est parti en volant une bouteille de champagne. Allait-elle se décourager dans sa quête de l'amour romantique ? De même qu'il faut toujours, dit-on, se remettre en selle après une chute à cheval, elle est retournée sur le site, enchaînant les rencontres. Letendre portait bien son pseudo. Elle adorait sa manière de la couvrir de baisers et de lui parler des œuvres d'art contemporaines qu'il exposait dans sa galerie, mais bien que plus jeune qu'elle de cinq ans, il avait un côté vieux garçon qui l'agaçait. C'est lui qui lui a fait remarquer qu'annoncer sur son profil qu'elle aimait faire l'amour, c'était dangereux ! Il valait mieux laisser ses amants le découvrir eux-mêmes. Elle a donc modifié son profil. Alsacien l'a séduite parce que, ancien grand patron d'un groupe alimentaire, il avait ce côté assuré et maîtrisé qu'elle aimait chez les hommes. Ils sont partis à Istanbul pour un week-end, mais il ne l'a pas touchée, à sa grande surprise. Ils dormaient pourtant dans le même lit ! Il avait, disait-il, besoin de temps pour l'approcher. Ce temps, elle le lui aurait peut-être laissé, s'il avait été plus aimable. Mais il s'est révélé radin, négatif à propos de tout, « râlant sans arrêt ». Elle n'a pas supporté et les choses en sont restées là. Et puis il y a eu Titan, un petit homme qui portait bien mal son pseudo. Un peu plus âgé qu'elle, il n'était pas beau, mais elle a tout de suite aimé le contact de sa peau. C'était un tendre. Elle aimait se blottir dans ses bras. Leur histoire n'a pas duré non plus car il voulait s'installer dans le sud-ouest de la France, et elle a découvert très vite qu'il avait une ex dont il n'était pas tout à fait détaché.

Florence a donc eu une noria d'amants. Elle pourrait continuer comme cela, car c'est une très belle femme, sensuelle et féminine, qui plaît manifestement aux hommes. Mais cette quête éperdue de l'homme idéal l'épuise. « Non, décidément, la rencontre avec l'âme sœur ne peut se faire dans un tel contexte de consommation amoureuse. J'ai beaucoup appris sur moi-même, sur mon corps, sur la misère et la complexité sexuelles et affectives des hommes et des femmes seuls de mon âge. Sur leur quête d'amour insensée. Je reste persuadée que les vraies rencontres se font par hasard, quand on est mûr pour les faire. J'ai compris que l'important, c'est de ne pas se focaliser sur la recherche d'un compagnon que la vie amènera ou pas. L'important, c'est d'approfondir sa capacité à être intime avec les gens qu'on aime et qui comptent. »

Elle a finalement décidé de renouer avec un vieil amant, hélas marié, mais avec qui elle se sent bien, et qui se débrouille pour la retrouver de temps en temps. Elle s'est dit que tout compte fait, il vaut mieux être seule que mal accompagnée.

La tentation du polyamour

Voilà maintenant l'histoire de la rencontre tout à fait immature à ses propres yeux de Marcella, 67 ans, avec un homme qui a dix ans de moins qu'elle.

Je l'ai baptisée de ce pseudo parce que c'est la lecture d'une interview de Marcela Iacub, dans le journal *Libération*[1], qui est à l'origine d'un tournant dans la relation amoureuse qu'elle vient de vivre avec Christian. Divorcée depuis sept ans, mère de deux enfants et grand-mère, elle est journaliste, féministe, et s'intéresse au développement durable et à l'altermondialisme. Elle vit seule et a eu quelques amants de passage, mais sa vie sexuelle était plutôt en berne lorsqu'elle est tombée brutalement amoureuse d'un quinquagénaire, venu comme elle participer à la journée que « Dialogue en humanité » organise tous les ans à Lyon.

---

1. *Libération*, 9 et 10 août 2014.

Le courant passe immédiatement entre eux, « dès le premier regard », dit-elle. C'est un bel homme sensuel, au regard très doux. Aux pauses, ils parlent à bâtons rompus du sujet qui les rassemble à Lyon. Ils échangent leurs mails et leurs téléphones, et elle rentre très troublée de cette rencontre. Elle le lui écrit d'ailleurs dès son retour à Paris. Elle souhaite le revoir. Lui aussi. Ils conviennent d'un déjeuner la semaine suivante, et se déclarent leur attirance réciproque. Mais l'été est là, avec les projets de vacances de chacun. Et Marcela prend alors la mesure de la réalité. Christian est marié et manifestement attaché à sa famille. Mais ils n'ont ni l'un ni l'autre d'interdits moraux a priori. Ils conviennent de laisser passer l'été et de s'écrire. En vacances avec sa femme et ses enfants en Bretagne, Christian lui envoie un long mail dans lequel il lui dit que « la vie est trop courte pour passer à côté de ce qui donne au voyage de vie le meilleur de sa force et de sa saveur ». Il sent qu'il y a de « l'essentiel » à partager avec elle. Quelle forme cela prendra-t-il ? Il n'en sait rien mais il espère qu'ils sauront « l'inventer ensemble ». Elle lui répond qu'elle y est prête mais lui demande comment il voit les choses. C'est alors qu'il lui envoie un texte sur l'amitié érotique. Il est clair avec elle : il ressent un élan vers elle, et à défaut de pouvoir vivre « pleinement un amour », puisqu'il a une femme et des enfants adolescents qui ont encore besoin de lui, il propose une relation douce et tendre, voire érotique, mais sans exclusivité. Marcela lui répond qu'elle craint être trop sensuelle et charnelle pour pouvoir rester dans les limites d'une amitié amoureuse légère. Elle se connaît. Elle sait que s'il y a de l'intimité, elle s'engage profondément et s'abandonne. Elle lui dit alors qu'il est encore temps d'arrêter là leur course l'un vers l'autre, s'il a peur d'aller trop loin. Mais qu'elle est prête à prendre le risque de cette relation, inattendue, un peu venue du ciel. Est-ce cette réponse désirante qui l'a enflammé ? Car le ton des messages qu'il lui envoie ensuite, en pleine nuit, vers trois ou quatre heures du matin, sans doute à la faveur d'une insomnie, a désormais changé. Ce sont des messages clairement érotiques, des chuchotements d'amour dans la nuit. Il lui écrit qu'il est aimanté par elle, il l'embrasse, la caresse, l'enlace, a envie de sentir sa peau, de la sentir vibrer. Puis il lui envoie des poèmes et des messages follement amoureux. Marcela se souvient qu'en recevant cela, elle s'est dit que cet homme ne faisait certainement plus l'amour avec sa femme. Elle se sent troublée, excitée, mais une voix en elle lui dit de ne pas s'emballer. Le mieux est qu'ils passent à l'acte, maintenant. « Je t'attends, je te désire », lui écrit-elle. Une fenêtre au milieu de l'été a permis qu'ils se retrouvent enfin, et que de virtuel leur lien devienne concret, charnel. Les trois jours qu'ils passent à faire l'amour sont délicieux. Elle n'est pas déçue. Christian, qui lui confie qu'il a été initié au tantra, a manifestement une grande expérience érotique. La découverte de leur plaisir s'est faite doucement, lentement, comme elle aime. Il ne faut pas oublier qu'elle n'a presque pas fait l'amour depuis cinq ans. Elle s'abandonne avec confiance et le sent vraiment amoureux. Elle garde un souvenir délicieux de cette escapade amoureuse.

Au retour, il lui envoie un SOS. Il s'est senti tout à coup perdu, déchiré, dit-il. Amoureux de Marcela et attaché à sa femme, pas prêt à la quitter. Il se demande comment il va faire de la place à leur histoire. La peur de faire du mal à son épouse a surgi, tout à coup. « Il n'a cessé de retourner en tous sens cette contradiction et d'essayer de voir s'il existait une autre voie que de quitter sa femme ou de renoncer à vivre pleinement son amour avec moi. Il sentait, disait-il, avec force que le fait qu'il m'aime ne signifiait pas qu'il n'aimait plus sa compagne. » Au moment où elle reçoit cette lettre, Marcela est plongée dans la lecture de l'article de *Libération* : « Pourquoi ne pas être engagé dans plusieurs amitiés érotiques ? » Un plaidoyer pour la multiplicité de ces liens, « des liens qui pourraient durer toute la vie à côté du couple principal ». Iacub avance même l'idée que c'est la seule manière de permettre au couple de durer. Marcela propose donc à Christian d'inscrire leur lien dans le *polyamour*[1]. Ne lui avait-il pas laissé entendre qu'il en était adepte ? Ils avaient d'ailleurs longuement échangé sur cette manière de vivre l'amour librement, sans exclusivité, de manière transparente et responsable. Ce n'est pas « elle ou moi, mais elle et moi ». Un inclusivisme[2] amoureux, en quelque sorte, mais qui implique une franchise sur l'existence de la personne extérieure au couple.

« Je lui ai dit que j'étais plutôt du genre femme libre, et pas le genre à étouffer son homme par une demande

---

1. Le polyamour est un mouvement fondé par Françoise Simpère, au Québec. Il rassemble des personnes qui acceptent, alors qu'elles sont en couple, de vivre des relations amoureuses extraconjugales avec la pleine connaissance et le consentement de chaque personne concernée. Le polyamour est donc nécessairement consensuel et répond à une certaine éthique. Il se différencie de l'échangisme ou du libertinage.
2. L'expression est de Vincent Cespedes.

d'hyperprésence. Je n'avais pas besoin d'être tout le temps avec lui. J'étais prête à partager. Mais je voulais exister à ses côtés, aux yeux des autres. Je voulais une reconnaissance sociale de notre lien. Vous savez, ajoute-t-elle, en me regardant droit dans les yeux, j'ai déjà vécu une situation clandestine où j'étais la maîtresse cachée. Je me connais, je sais que cela ne me convient pas. Je n'aime pas l'idée qu'un homme qui est dans ma vie ait à mentir, à raconter des histoires. Cela ne me semble pas digne de ce que j'ai à offrir. »

Alors Marcela lui a dit qu'elle pouvait respecter sa vie, comprendre que d'autres aient besoin de lui et de son amour, s'adapter à ses contraintes, à condition de se sentir *aussi* sa compagne aux yeux des autres. Puisqu'il était un homme évolué, non conformiste, Marcela ne voyait pas pourquoi il n'assumerait pas ouvertement d'avoir deux liens qui comptent en même temps. Christian a écouté mais n'a pas commenté.

« Nous avons vécu encore un deuxième week-end amoureux, avec légèreté et sensualité. Il est venu me rejoindre sur mon lieu de vacances et je l'ai présenté à quelques amis. C'était un nouveau pas franchi dans notre relation. Il semblait à l'aise, et j'ai eu l'impression que mon entourage l'appréciait. » Mais surtout, cette deuxième rencontre a confirmé la communion sensuelle qu'ils avaient réussi à établir entre eux. « Quelque chose de tellement rare, que dans la semaine qui a suivi, je me suis découverte l'envie de chanter et de remercier tout le temps. Je crois que je n'avais jamais été aussi heureuse. » C'est la raison pour laquelle Marcela a reçu comme un coup de poing au cœur le mail dans lequel

Christian lui parlait à nouveau de sa « déchirure intérieure » et lui disait clairement qu'il ne voulait pas
prendre le risque de blesser sa femme, en la mettant au
courant de leur relation. Il proposait une amitié érotique
clandestine et cachée, comme toutes celles qu'il avait
vécues jusque-là. Marcela a très mal réagi. Elle y a vu
de la lâcheté, une vraie débandade. « Comment s'est-il
permis de m'envoyer des messages passionnés en pleine
nuit, à quelques mètres du lit où dormait sa femme,
comment a-t-il pu me crier son amour, pour faire
machine arrière si vite ? » Je sens Marcela encore très
blessée quand elle me raconte cela. Je la sens trahie, en
quelque sorte, par cet homme qui s'est présenté comme
un homme moderne, libre dans sa tête, adepte du polyamour, et qui finalement se retrouvait comme un enfant
fautif, coupable, incapable d'assumer ses actes. « Dans
son dernier mail, Christian m'annonçait qu'il était
retourné voir une psy et me demandait pardon de m'avoir
fait espérer un amour qu'il n'était pas capable d'assumer », conclut Marcela, que je sens encore toute bouleversée. A-t-elle bien fait d'être aussi exigeante ? En
l'écoutant, je me dis que cette histoire d'amitié érotique
vécue en dehors du couple n'est pas si simple, et que
le *polyamour* demande pour être vécu sereinement
un travail sur soi que peu de couples ont fait. Il faut
affronter l'émotion de la jalousie, se confronter à son
désir de possession, à sa peur de faire du mal à l'autre,
à sa culpabilité. C'est assez rare.

Mais après tout, peut-être certains seniors en sont-ils
capables, puisqu'ils ont acquis une certaine sagesse ? Je
pense alors à ces hommes et ces femmes qui savent
sans le savoir que leur conjoint a un lien privilégié,

voire intime, avec d'autres, et qui ferment les yeux. Du moment que ce *lien privilégié* avec un autre ne dérange pas la vie du couple !

Après ma rencontre avec Marcela, j'ai eu envie de me plonger dans la lecture des livres de Françoise Simpère[1].

Cette mise en cause ouverte de la monogamie par l'écrivain canadien m'intriguait. Dans une interview récente[2], Simpère défend tranquillement le fait qu'il n'y a pas qu'un modèle de couple et que le couple monogame n'est pas forcément heureux. « Un couple sur trois se sépare ou divorce et ceux qui restent ensemble s'ennuient souvent beaucoup l'un avec l'autre. » Pourquoi ne pas concilier la solidité de la famille (là où on a des enfants) et l'envie d'amours plurielles ? Françoise pense que c'est possible, et c'est son expérience. « On nous parle sans cesse de la biodiversité indispensable à la nature, dans les ressources en énergie, de la capacité à changer de travail, et en amour seulement, on voudrait imposer la monoculture, qui dessèche et appauvrit les sols comme les sentiments ! » Bien sûr, lorsqu'on lit ce propos, on se dit que cette biodiversité amoureuse, cela fait longtemps que les couples la vivent en cachette, et que l'infidélité a toujours existé ! Mais ce qui différencie le *polyamour* de l'infidélité vécue dans le mensonge et l'hypocrisie, ou même de l'échangisme ou du libertinage, c'est qu'il se vit ouvertement, mais sans exhibition. Chacun sait dans le couple que l'autre

---

1. Françoise Simpère, *Il n'est jamais trop tard pour aimer plusieurs hommes*, La Martinière, 2003 ; *Ce qui trouble Lola*, Éditions Blanche, 2004.
2. Interview du 14 août 2014 sur le site Doctissimo.

a d'autres amours ou d'autres amitiés érotiques, mais respecte ces liens extraconjugaux et ne cherche pas à faire intrusion. Chacun garde son jardin secret. « Il me semble naturel que l'homme que j'aime (et avec qui j'ai éventuellement des enfants) soit heureux avec moi mais aussi avec d'autres. Pour moi, l'amour ce n'est pas posséder, c'est être attentif à l'autre et désirer son bonheur avant tout. Je ne demande pas l'exclusivité. » Ce qui caractérise donc cette manière de vivre librement ses amours et ses amitiés, c'est la transparence sur le fait qu'ils existent. C'est aussi un respect total de la qualité de l'intimité et de la manière dont elle est vécue. Françoise Simpère elle-même dit qu'elle entretient une amitié amoureuse avec un ami avec lequel elle n'a fait l'amour que cinq fois en vingt-cinq ans. Mais l'important est qu'elle se sente libre de vivre ce qui est juste dans la relation, sans se sentir coupable.

Ces couples qui résistent à l'usure du temps

Je quitte maintenant le territoire des « adolescentées » pour regarder ces couples de sexagénaires « matures » qui résistent à l'usure du temps. Ceux qui ont réussi à traverser les crises et sont restés ensemble. Il est vrai que cette permanence du couple se paie souvent d'un arrêt de la vie sexuelle. Lorsque les deux passent d'un commun accord « à autre chose », tout va bien. Des gens heureux qui ne font plus l'amour, ce n'est pas un problème. Je m'intéresse donc dans les pages qui suivent à ce qui permet d'être heureux en couple, dans le temps, qu'on fasse ou non l'amour.

Au fond, qu'est-ce qui fait qu'un couple est un couple ? Qu'est-ce qui cimente un couple ?

Décider d'être heureux

Il y a une sorte de regard uniforme et réducteur de la société sur les couples vieillissants. On s'imagine qu'ils se supportent difficilement, qu'ils s'ennuient ensemble, et que plus rien ne passe entre eux. On a tort. Qu'ils soient en couple depuis longtemps ou qu'ils aient « refait leur vie », quand ils arrivent aux alentours de 70 ans, forts de leur expérience, ils sont plus attentifs et moins exigeants. Ils ont tiré les leçons du passé. L'un de mes amis m'a confié récemment son secret : « J'ai tout simplement décidé d'être heureux ». Tout ne va pas toujours très bien avec sa femme ; il y a des registres dans lesquels il n'est pas complètement en phase avec elle, mais comme il y a du désir et de l'amour, il estime que sa décision d'être heureux est un socle suffisant pour que leur relation s'approfondisse dans un climat de confiance. Et je constate qu'il a raison. Le fait de montrer à l'autre que l'on est heureux avec lui – parce qu'on a décidé de l'être – crée une confiance dans le couple. On m'objectera qu'on ne peut décider d'être heureux. Je ne suis pas d'accord. Le philosophe Alain disait : « Soyez heureux, voilà le vrai bonheur. » On peut décider de voir la vie sous son jour le plus lumineux plutôt que de pointer tout ce qui ne va pas. On peut décider de privilégier ce que l'on aime chez l'autre plutôt que d'attendre de lui qu'il corresponde à l'image idéale que l'on porte en soi. C'est une décision intime que tout le monde peut prendre un jour, et à tout âge. Dans les séminaires « Vieillir heureux » que j'anime régulièrement, je pose la question : peut-on décider de vieillir heureux ? La réponse est oui. Des personnes de 80 à 100 ans me répondent que c'est une décision à prendre chaque matin au réveil. Que vais-je privilégier aujourd'hui ? Mes douleurs ? Mon chagrin parce que les enfants n'appellent pas assez souvent ? Ou bien la joie que j'éprouve à me promener dans la nature, à rencontrer un sourire, à recevoir un geste

60

d'amitié d'une voisine de chambre, à écouter une cantate de Bach ?

Pour les couples qui ont la chance d'être encore ensemble, ce « vœu d'être heureux » est la clé d'un certain rayonnement, qui n'est pas aussi rare qu'on le pense.

Mais comment concilier ce vœu d'être heureux avec celui de rester désirant ? Quelle est la place de l'intimité sexuelle dans le couple ? Un couple marié ou non se définit par la présupposition sociale d'une vie sexuelle commune mais on sait que pour la plupart, plus on avance en âge et moins c'est vrai.

En parlant avec Éric-Emmanuel Schmitt, au festival littéraire de Mantoue, nous évoquions cet aspect de la lassitude du désir dans les couples. Le désir est autonome, me disait Éric, il « vous tombe dessus. C'est une fatalité, un destin ». Nous ne sommes donc pas du tout libres de désirer. La seule liberté que l'on ait, c'est celle d'accepter ou pas d'aimer celui ou celle que l'on désire. Ainsi, continue Éric, l'amour n'a rien à voir avec le désir. L'amour et le désir sont deux pays différents. On sait bien que dans un couple on peut continuer à s'aimer sans pour autant continuer à se désirer.

Mais n'y a-t-il pas un moyen d'entretenir le désir dans un couple ? lui ai-je demandé. « C'est extrêmement difficile ai-je entendu, car le besoin de sécurité, l'envie de s'inscrire dans la durée, conduisent le désir à s'étioler, voire à disparaître. » « Il faut une stratégie d'insécurité », conclut Éric, car la proximité rassurante use le désir. Il faut pratiquer « le sentiment de la première fois ».

61

Quelle belle expression que « le sentiment de la première fois » ! J'avais lu cela dans le livre d'Esther Pérel[1] sur l'intelligence érotique. Une invitation à cultiver la distance au sein du couple, à réintroduire du risque dans la sécurité, du mystère dans le familier, pour retrouver le piment, l'espièglerie, la poésie qui ont cimenté les couples au début.

On n'a jamais fait le tour de l'autre. On ne le connaîtra jamais complètement. Le désir est proportionnel à la part de mystère que l'autre détient encore à nos yeux. J'entends parfois un amoureux de 80 ans me dire qu'il découvre encore tant de choses chez sa compagne, après cinquante ans de vie commune. Cet homme, lorsqu'il me parle, a l'air si jeune ! Il me dit que cela fait dix ans qu'il « cultive l'esprit d'enfance », une sorte de regard neuf sur la vie et sur l'autre. Il s'agit donc de creuser l'intime. L'intime, au sens où François Julien[2] le définit. « Loin du bruyant amour », la capacité de partager avec l'autre son intériorité, ce qui se passe et se déroule au fond de soi, mais aussi l'intérêt pour l'intime de l'autre, qui n'a rien à voir avec une intrusion, mais qui est plutôt une curiosité toujours éveillée de l'autre, une disposition à l'accueillir dans ce qu'il a de profondément mystérieux, d'imprévisible. Cette attitude entretient le désir. Elle permet d'échapper au double écueil de la frustration et de la lassitude. « Chaque jour m'apprend quelque chose d'elle », me dit l'amoureux de 80 ans.

---

1. Esther Perel, *L'Intelligence érotique. Faire vivre le désir dans le couple*, Robert Laffont, 2007.
2. François Julien, *De l'intime*, Grasset, 2013.

Savoir rêvasser côte à côte

Qu'est-ce qui fait tenir les couples dans le temps ? demande Claude Habib, dans un livre que j'ai beaucoup aimé, *Le Goût de la vie commune*[1]. Une jolie défense de la vie à deux. Être conjugaliste, dit-elle, ne veut pas dire « approuver l'enfermement ». On peut être en couple et se sentir libre. Non pas d'aller *ailleurs*, dans le sens où on l'entend d'ordinaire. Avoir un amant ou une maîtresse. Non, on peut avoir une liberté intérieure et un des aspects de cette liberté est de savoir *s'échapper en pensée*. Pour vivre cela à deux, il faut savoir s'ennuyer ensemble. J'aime l'apologie de l'ennui qui est faite ici. « L'ennui n'est pas un obstacle à la vie de couple... c'est le fond de la vie commune, sa condition *sine qua non* »[2]. Il est « au fond de la paix, comme la vase au fond du lac. C'est un fond très doux », dans lequel on se retrempe pour se ressourcer... C'est par cet exercice invisible, cette nage intérieure qu'on se possède soi-même... être capable d'évoluer en soi-même. Non pas évoluer comme on évolue dans une carrière, non pas progresser dans une voie tracée par d'autres, mais évoluer de manière imprévisible, comme un banc de poissons dans la mer – ce qui suppose l'existence d'un monde intérieur[3]. » Le mot est lâché ! Il s'agit bien de cela. Les couples de seniors qui sont encore heureux ensemble sont des couples qui savent

---

1. Claude Habib, *Le Goût de la vie commune*, Flammarion, 2014.
2. *Ibid.*, p. 17.
3. *Ibid.*, p. 18.

s'ennuyer ensemble, parce qu'ils ont une vie intérieure. Peu de gens évoquent la fécondité de l'ennui, nous rappelle Claude Habib, parce qu'elle fait honte : « Rien n'est plus commun, rien n'est plus répandu. C'est le gris de l'existence, le contraire de l'éclat. Comment s'en débarrasser ? » Il faut évidemment distinguer l'ennui lié au confinement, qui est un poison, de l'ennui qui permet le contact avec soi-même. Ce dernier est la clé du bonheur à deux. On peut passer toute une journée côte à côte, sans se parler, sans rien faire de particulier, dans une sorte de vacance partagée. Chacun voyage dans sa pensée, mais les pensées communiquent souterrainement, pourrait-on dire. Savoir faire cela à deux est d'ailleurs un des signes de l'amour. C'est un signe de confiance.

Je viens de parler au téléphone avec un de mes amis musicien. Il me confie qu'il a toujours aimé l'amour et que l'érotisme reste vivant en lui. Mais sa femme ne le suit plus. Elle est passée à autre chose, et n'aime plus faire l'amour. Du coup, ils n'ont plus de désir l'un pour l'autre. Leur vie conjugale se poursuit tranquillement, partageant le quotidien, respectant leur champ respectif d'intérêts, lui la musique, elle la littérature. Mais ils ne se rencontrent plus. Ils dorment ensemble, certes, mais ne se touchent plus. Cela lui convient-il ? Non, bien sûr. L'homme amoureux, secrètement nostalgique de l'Éros, souffre. Il a senti à plusieurs reprises l'envie d'aller vers une femme qui l'attirait. Il a senti son corps vibrer, l'envie de la prendre dans ses bras, de se laisser emporter par le désir, l'envie de connaître la joie ineffable de la communion sexuelle. Non, l'amant n'est pas mort en lui. Mais, il a mesuré le risque qu'il y avait à vivre une histoire parallèle. Il ne se sent pas capable de vivre une relation secrète, cachée, comme tant d'hommes arrivent à le faire. Il aime sa femme et n'a pas envie de courir le risque de la blesser. Alors, il a trouvé une voie pour ne pas laisser mourir cet amoureux qui l'habite. Il a des rêves érotiques, dont il se réveille étonnamment vivant. Une femme, qui change souvent d'allure, de visage, de corps, mais qui a toujours la même façon de s'abandonner à lui, vient le visiter dans ses rêves. Il l'appelle son *anima.* Ils se prennent avec fougue, et quand il se réveille, il découvre avec une sorte d'étonnement adolescent que son corps a participé à cette explosion de sensualité. Il s'est mis à dialoguer avec cette anima érotique. Il lui envoie des poèmes, il lui écrit. Il utilise cette technique de l'imagination active, laisse sa main courir sur le cahier de ses rêves, et découvre, non sans plaisir, que cette femme lui répond. On pourrait le prendre pour un fou. Il ne l'est pas.

Il a découvert en lisant Jung que tout être humain peut entrer en contact avec des personnages intérieurs. Il a donc toute une vie érotique intérieure qui a la même force et la même réalité que celle qu'il pourrait avoir à l'extérieur.

Cultiver l'entente pour le plaisir de l'entente

Un couple est-il un couple parce qu'il vit ensemble ? « Ce n'est pas un critère, répond Claude Habib, parce qu'il y a des couples qui vivent ensemble et qu'un gouffre sépare. Par contre, il y a ceux que les sociologues américains ont baptisé les LAT (*living apart together*), les couples non-cohabitants mais qui partagent une vraie intimité. Leur lieu de vie n'est pas un lieu géographique mais un *dedans*. Alors ce qui fait qu'un couple est un couple c'est la décision de mettre l'autre au centre de sa vie »

Ce qui fait tenir les couples dans le temps, selon elle, c'est « le désir de cultiver l'entente pour le plaisir de l'entente ». C'est la synchronie.

Un couple qui évolue dans le temps comme on évolue sur une piste de danse. Je pense alors au plaisir certain que j'ai à voir danser ensemble de vieux couples qui se connaissent si bien que les pas s'enchaînent avec grâce, et que flotte sur leurs visages graves et attentifs un air de bonheur venu du fond d'eux-mêmes. On ne peut être que profondément remué par cet être-ensemble, où l'anticipation de l'un rencontre l'impulsion de l'autre.

Cette synchronie met en jeu les corps, les regards, le rythme, et une forme de désir très particulière se manifeste alors, qui est hautement érotique.

Il en est de même de cette autre synchronie : la rencontre des pensées, la télépathie, le fait de penser ensemble à la même chose, au même moment. Il y a encore de l'Éros dans cette synchronie-là. La surprise qui jaillit lorsqu'on réalise que l'on a deviné ce que pense l'autre, lorsqu'on vient déposer un baiser tendre dans son cou, ou lorsqu'on vient soudain se blottir contre lui, alors même que l'autre en éprouve la secrète envie, cette surprise, née d'une connivence silencieuse, n'est-elle pas une forme d'orgasme ? Le fait de réaliser que l'on est sur une même longueur d'onde, invisible mais non moins réelle, procure un plaisir inouï. Nous sommes loin de l'usure, de la lassitude qu'engendre la conviction de tout savoir de l'autre et de ce qui nous lie à lui.

C'est bien l'imprévisibilité de la rencontre des corps ou des pensées qui s'éprouve comme une jouissance.

C'est souvent quand le couple explose ou quand l'un des deux meure que l'on se rend compte de ce qui a permis au couple de durer. Cette connivence douce faite d'abandon à l'autre et d'attentions, dont on manque alors cruellement. On réalise que l'on fait vite le tour de soi quand on vit seul, et qu'on tourne en rond. On découvre dans l'après-coup – ce qui a fait le charme de la vie à deux, tous ces moments de retrouvailles : « Il va rentrer, on va prendre le thé. Vivement ce soir et les pieds sous la table. Si on allait faire un tour au jardin ? J'entends sa clé tourner. La simple possibilité de l'autre, l'éventualité de son retour donne une expansion aux impressions qui surviennent, aux envies légères qui passent[1]. »

Ce qui fait le prix finalement de la vie à deux c'est cette *expansion douce*, qui s'ancre dans la confiance et la réciprocité. « Même si tu es loin, je m'imagine que tu penses à moi comme je pense à toi. »

Cette connivence, peut-elle se vivre en dehors d'un lien exclusif et fidèle ?

Je pense alors au « secret » de ce couple rencontré, il y a peu. Il a 75 ans, elle en a 72.

---

1. *Ibid.*, p. 149.

Chaque fois qu'ils ont besoin de parler de ce qui ne va pas dans leur couple, ils prennent rendez-vous. Ils s'assoient l'un en face de l'autre, se prennent les mains, se regardent dans les yeux. La posture est celle du don et de l'accueil. Ils se donnent l'un à l'autre. La posture elle-même montre qu'aucun des deux n'est dans le jugement. Celui qui a quelque chose à exprimer parle, sachant qu'il ne sera pas interrompu. Sa parole est accueillie. Et ce qui est dit va faire son chemin dans les heures ou les jours qui viennent. Ce rituel très intime a ses règles. Celui qui écoute accueille mais ne répond pas, ne se justifie pas, ne juge pas. S'il a vraiment besoin de parler, il demande à l'autre s'il l'autorise à lui répondre. Cette façon de faire intime le respect. Ce n'est ni une discussion ni un règlement de comptes.

Ce rituel leur fait beaucoup de bien. Il n'y a pas de contentieux qui s'installe entre eux. Pas d'abcès. Pas de malentendus. Une tendresse très spéciale s'est installée, car ils ont le sentiment d'être « entendu » par l'autre. C'est un vrai couple.

Les rassasiés du sexe

70 % des Français de plus de 65 ans ont, paraît-il, renoncé à consacrer de l'énergie à leur vie amoureuse et sexuelle. Elle appartient à leur jeunesse ou à leur jeune maturité.

Parmi eux, il faut distinguer ceux chez qui une lassitude s'est installée avec le temps de ceux qui sont tout simplement des « rassasiés » du sexe.

Les « lassés », on les connaît. Ils n'ont jamais été très portés sur l'amour. Ils prennent prétexte du sentiment intime de ne plus être suffisamment séduisants – sorte de conséquence naturelle des modifications de leur corps –, pour porter leur attention sur d'autres choses. Ce renoncement progressif semble se « faire tout seul ». Le principal étant de ne pas se sentir frustré et que chacun s'y retrouve. On prend l'habitude de faire chambre à part, ou l'on dort côte à côte, sans plus se toucher, comme frère et sœur. Cette évolution signifie au moins deux choses : la vie sexuelle n'a jamais été importante dans le couple et bien avant le passage des 60 ans, le couple ne faisait déjà plus l'amour. L'homme vivait parfois son besoin sexuel dans un libertinage, le plus souvent secret. La femme s'accommodant assez facilement d'un passage à un autre mode, privilégiant alors ses amitiés, sa famille, ses enfants et petits-enfants.

Puis, il y a les « rassasiés ». Ils ont beaucoup fait l'amour et n'en ont tout simplement plus envie. Mais le goût du corps à corps ne disparaît jamais vraiment. Je suis entourée de couples d'amis qui ont autour de 70 ans et qui, s'ils ne font plus l'amour comme lorsqu'ils étaient jeunes, s'endorment nus l'un contre l'autre, et gardent ce goût du contact charnel. Il y a une circulation d'amour entre eux.

Nous avons décidé de ne plus faire l'amour

Jean-Louis vient d'avoir 65 ans. Nous sommes liés par une longue histoire d'engagement auprès de personnes atteintes par le VIH, puisque nous avons fondé ensemble une association pour les soutenir[1]. Ce genre d'engagement crée une complicité forte qui a résisté au temps, même si nous ne nous voyons plus guère. Quand j'ai fait sa connaissance, il y a trente ans, il était metteur en scène, acteur, homosexuel et il a suscité des passions fortes. C'était un homme d'un dynamisme et d'une générosité hors du commun. Sans doute un des êtres les plus créatifs et vivants que je connaisse. Il était magnifique, un corps de faune, un magnétismc rarc. Son engagement auprès des personnes séropositives s'enracinait dans l'accompagnement sans faille de son ami de l'époque,

---

1. Association Bernard Dutant, Sida et Ressourcement, Maison des associations La Canebière Marseille.

Serge, qu'il a aimé et entouré de soins jusqu'au bout. J'ai fortement admiré, je m'en souviens, la sollicitude dont il était capable, se levant toutes les nuits pour baigner son ami en sueur, le masser, et l'apaiser. Et puis, un jour il a rencontré une femme, engagée elle aussi dans le même bénévolat, il en est tombé amoureux. Il a changé de vie, est devenu psychothérapeute, formateur auprès d'équipes soignantes à qui il enseignait la présence et le tact. Avec Michelle, ils se sont mariés et ils ont eu trois filles. Je me souviens de l'avoir entendu dire qu'il avait enfin trouvé, avec elle, ce qu'il cherchait depuis longtemps. Il n'avait jamais été aussi heureux. Voilà donc un parcours atypique[1] et je ne connais pas d'autre homme ayant « viré » ainsi dans la force de l'âge de l'homosexualité à l'hétérosexualité.

Mais ce qui est encore plus rare, me semble-t-il, c'est qu'à l'approche de sa jeune vieillesse – ne dit-on pas qu'on l'aborde en passant le cap de la soixantaine ? – sa femme et lui ont décidé de ne plus faire l'amour. J'étais si surprise que je lui ai demandé s'il acceptait de témoigner pour mon livre, et je suis encore bouleversée de la confiance qu'il m'a fait en acceptant.

« Cela fait deux ans que nous ne "faisons plus l'amour". Pourtant le désir est toujours là, mais il a pris une autre forme : nos ébats sont passés au second plan. Ils n'ont pas plus d'importance que nos instants d'infinie tendresse, nos discussions à bâtons rompus, notre organisation au quotidien, l'éducation de nos enfants, notre travail, nos partages sur l'actualité. »

---

1. Jean-Louis Terrangle, *La Caresse de l'ange*, Presses de la Renaissance, 2002.

Jean-Louis dit que Michelle et lui ne ressentent aucune frustration. Leur sexualité a évolué. Il y a eu la folie de la rencontre, « ce besoin de corps à corps presque permanent, de faire l'amour comme des fous, comme des bêtes, qui s'est estompé avec le temps ». Puis leur sexualité est passée par de nombreuses étapes, sans qu'ils les aient vraiment provoquées. « Elles ont coulé de source », dit-il. La situation actuelle – ne plus « faire l'amour » – s'inscrit dans une continuité et cela leur convient. Il y a un équilibre dans leur vie. « Notre amour l'un pour l'autre change encore, se peaufine, nous étonne en prenant des couleurs, les couleurs du temps qui passe et nous lie l'un à l'autre plus que jamais. »

À 65 ans, Jean-Louis dit qu'il « continue à regarder la plastique d'une femme ». Certaines l'émeuvent, ce qui se dégage d'elles, leur manière d'être ou de faire le touche. « Elles m'inspirent de la tendresse, de la protection, de l'amour mais aucun désir sexuel. »

C'est comme si l'énergie sexuelle qui a été si forte chez lui se répandait sur le reste de sa vie, sur ses activités, sur l'attention qu'il porte aux autres, à sa famille, à ses amis.

Je l'écoute et je me dis qu'il s'agit là de quelque chose de si différent du renoncement triste au sexe que j'ai rencontré chez d'autres personnes. « Je n'ai pas renoncé au sexe, » précise-t-il. « C'est parce que j'ai été repu, parce que j'ai vécu ma sexualité à 200 à l'heure, que je peux passer à autre chose, n'étant plus obsédé comme je l'ai été beaucoup plus jeune. Mes désirs ont évolué avec le temps. Mon regard sur les autres n'est plus entaché d'une interprétation, d'une attente, d'un désir. Mes intentions s'éclaircissent. J'accueille chacun pour ce qu'il est sans arrière-pensée. Je me sens plus disponible au monde qui m'entoure. »

Au fond, ce que Jean-Louis me décrit est un superbe exemple de sublimation. Et c'est pour cela qu'il n'y a pas de frustration. Et surtout, tout reste ouvert, tout reste possible dans cette histoire d'amour unique.

« Nous nous sentons libres, depuis le premier jour. Tout est encore possible. Tout peut recommencer. Rien n'est mort. C'est cette liberté qui nous permet de partager sans cesse sur nos ressentis profonds, en confiance. Une confiance comme je n'en ai jamais eue avec quiconque, car Michelle est quelqu'un à qui je peux tout dire, parce qu'elle peut entendre et mieux qu'entendre, elle résonne à ce que je lui confie. »

Une liberté que Michelle résume par une jolie litanie : « On se touche, on se tendre, on se caresse, on s'écoute, on se murmure, on échange, on se frôle, on s'explique, on se cherche, on se trouve, on se retrouve, on partage, on s'apaise, on ose, on ose tout, on sème, on s'aime ! »

Quand j'ai reçu ce témoignage, j'ai mis un peu de temps à l'intégrer. Cela me semblait si rare, si insolite d'une certaine façon, venant d'un couple dans la force de l'âge. Je suis revenue à la charge : « Mais si vous avez encore ce contact charnel et si vous dormez ensemble, vous n'éprouvez jamais le besoin d'être plus étroitement unis ? Charnellement, sexuellement ? » ai-je demandé, avec la peur d'être trop intrusive.

Mais Jean-Louis m'a répondu tranquillement que l'idée même de faire l'amour l'épuise. Il se dit repu par toutes les expériences qu'il a faites. Sa sexualité est vivante en lui, elle ne lui manque pas du tout : « Nous dormons ensemble et quand nous nous blottissons, nous sommes heureux de retrouver cette étreinte qui ne demande rien de plus que ce qu'elle est. Rien d'ailleurs ne nous interdit d'aller plus loin, et parfois, il y a une étreinte plus sexuelle, plus "fougueuse" mais elle est remplie de tendresse. Nous avons soif de cette relation intime faite d'autres sensations, d'autres relations, d'autres touchers. »

Le désir en berne

Le désir en effet, « ça ne se commande pas », comme me le rappelait Éric-Emmanuel Schmidt. Ça vous tombe dessus !

Je tombe sur un article dans *Libération*[1] sur les interrogations d'un couple dont le désir est en berne. Une question des plus taboues, d'après l'auteur. Il semble très difficile d'admettre la baisse du désir, de la regarder en face et d'en parler. Nous sommes donc invités à un dialogue que peu de couples osent avoir :

« Dans un lit, un soir. A : C'est pas terrible. B : Ça va revenir. A : Non, ça ne va pas revenir, ça fait six mois qu'on n'a pas couché ensemble. B : Ça va revenir. On est fatigués, on a des soucis. »

Le dialogue continue. L'homme rappelle que lorsqu'ils baisaient, ils avaient des soucis, encore plus

---

1. « Le "ça" et le sexe », Éric Loret, *Libération*, 7 août 2014.

importants, pas de boulot, une mère mourante, et il pose la bonne question : « Tu ne crois pas qu'on est fatigués parce qu'on n'est pas excités ? Quand on avait envie tout le temps, on était jamais fatigués. » Voilà, ils n'ont plus envie. On apprend alors que d'après un sondage, c'est la fatigue qui vient en premier parmi les raisons de ne plus faire l'amour. La deuxième raison invoquée, le fait que les enfants pourraient entendre, ne concerne plus évidemment les sexagénaires, quoique en vacances, quand on est dans la même maison que ses enfants, cela peut être une bonne raison.

Non seulement ils n'ont plus envie, mais ils ont une vision bien pessimiste de leur vie : « On est vieux, on mange, on regarde un film, on a envie de mourir, on ne baise plus et en plus on dort toujours mal, et comme ça de mal en pis, jusqu'à ce qu'on crève. »

Quelles solutions à ce désir en berne ? Se « bourrer la gueule », prendre du Viagra ? Les gadgets sexuels ? Aller voir ailleurs pour vérifier que la mécanique fonctionne ? « Surprendre l'autre, mettre des dessous affriolants, faire des cadeaux, être attentionné » ? Cesser de se raconter ses journées d'enfer au lit ? Une thérapie comportementale ? Aller dans une soirée échangiste ? Se fantasmer avec quelqu'un d'autre ? Prendre un amant ou une maîtresse, mais surtout ne pas le dire à l'autre ? Toutes les solutions imaginables sont évoquées.

Et puis enfin la vraie question est abordée : qu'est-ce que c'est le désir ? Est-ce que la libération sexuelle et la technicisation du sexe ne l'ont pas finalement abîmé ? « Le cul est devenu une série de tags à collectionner... si faire "ça" comme ça, c'est continuer à faire l'amour, tout le monde peut le faire. Après tu peux varier la donne avec autant de scénarios et de gadgets que tu veux, ça reste toujours une intromission. »

Est-ce qu'au fond ce que ce couple voudrait retrouver n'est pas le contraire : se désirer comme au premier jour ? Le désir s'oppose à l'impératif de la jouissance et au sexe comme consommation.

Plus on veut retrouver le désir, plus il échappe. Le désir ne se maîtrise pas.

Fin savoureuse du dialogue : « On ne peut pas obliger "ça" à revenir, mais cela ne veut pas dire que "ça", le désir, entièrement libre, ne reviendra pas ! »

Une résistance à l'impératif de la jouissance

Le désir s'oppose à l'impératif de la jouissance. Une des manières de s'opposer est de faire la grève.

François Parpeix, au moment où je me suis levé pour partir, après tout un après-midi où nous avons échangé sur la sexualité des seniors et cette reconquête de l'intimité, m'a alertée sur le devenir des futurs seniors, qui ont aujourd'hui 25 ans, et qui n'ont plus de libido.

Il n'est pas optimiste. Car il observe chez les jeunes une dégradation de la capacité d'être en lien érotique à l'autre.

« Qu'est-ce que c'est l'intimité pour ces jeunes qui étalent leur vie privée sur Facebook, qui n'ont pas de vrais amis, et qui, s'ils n'ont pas tout, tout de suite, deviennent violents ? Ces jeunes qui s'alcoolisent, fument des pétards, cherchent des excitations solitaires, passent leurs soirées seuls sur Internet ou sur des sites pornographiques ? Ces jeunes qui se renferment, qui boudent, qui s'isolent. Ils ont des parents qui sont des anti-modèles. Cela fait longtemps qu'ils ne les ont pas vus s'embrasser, se caresser des yeux, créer de l'intimité entre eux. »

François me dit que quelques-uns – ils ont 20-25 ans – viennent le voir parce qu'ils n'ont plus de libido et que ça ne marche pas sexuellement avec leurs copines. Mais précise-t-il : « C'est la crème de la crème que je vois, parce qu'en venant me voir, ils se prennent en main. Ils se responsabilisent. » Quel genre de seniors seront-ils ? Est-ce qu'ils ne seront pas dans une immaturité sexuelle et affective, une solitude dramatique ?

Il me parle alors d'un article qu'il vient de lire sur des millions de jeunes japonais qui se désintéressent de la sexualité et de l'amour. Un phénomène nouveau, qui pourrait bien arriver jusqu'à nous. Le *sekkusu shinai shokogun*, « syndrome du célibat », est perçu par le gouvernement japonais comme une imminente catastrophe nationale. Selon un sondage réalisé en 2013 par le planning familial, 45 % des Japonaises de 16 à 24 ans « ne sont pas intéressées ou méprisent les relations sexuelles ». Elles deviennent indépendantes et ambitieuses et les relations sexuelles sont clairement perçues comme un obstacle à leurs plans de carrière. Le mariage est pour elles « la tombe d'une carrière ». L'engagement romantique semble un fardeau et une corvée[1].

---

1. L'institut japonais des populations et de la sécurité sociale avance le chiffre de 90 % des jeunes femmes estimant que le célibat est préférable au mariage.

Mendokusai, disent-elles. Ce qui veut dire « trop compliqué » « trop d'emmerdes » ou « ça ne vaut pas la peine ». Cette phobie des relations amoureuses est partagée par les Japonais. Ils sont de plus en plus nombreux[1] à vivre chez leurs parents, et à avoir remplacé les relations sexuelles réelles par des relations virtuelles sur Internet ou le visionnage de films pornographiques. « Je n'aime pas les vraies femmes, entend-on souvent, je préfère avoir une petite amie virtuelle. »

Certains pourtant se marient et ont un enfant, mais une fois l'enfant né, 40 % des couples disent ne plus avoir de relations sexuelles. Ils se tournent de plus en plus nombreux vers un érotisme égocentré. La sexualité partagée a cessé d'être un élément d'épanouissement de soi et du couple. On assiste donc à une explosion du marché de l'autoérotisme.

Les démographes estiment que le Japon aura perdu en 2060 la moitié de sa population et qu'il évolue lentement mais sûrement vers une société de science-fiction. Ce phénomène va-t-il gagner le reste du monde ? Assistons-nous à la naissance d'une nouvelle forme d'humanité autocentrée, autoérotique, où la sexualité – symbole du rapport à l'autre – finira par disparaître ?

De plus en plus de personnes jeunes, selon *L'Express* dans un récent article[2], affichent leur désintérêt pour le sexe et l'amour charnel. Elles n'ont tout bonnement plus de désir. Il existe même désormais une journée de l'*asexualité* et une association pour la visibilité

---

1. 13 millions, dont 3 millions de plus de 35 ans. Selon un article d'Abigail Haworth paru dans *Clés* en février 2014.
2. Caroline Franc Desages, *L'Express*, le 15 septembre 2014.

des asexuels (AVA). Contrairement à l'abstinence, l'asexualité n'est pas un choix. Elle est le fait de ne pas ressentir de désir. Sur les forums qui leur sont dédiés, ils se surnomment les « A » et ne supportent pas d'être perçus comme malades, frustrés ou en attente de la bonne personne. D'ailleurs cette absence de désir ne les fait pas souffrir. Il n'y a pas de peur ni de dégoût, juste de l'indifférence. Et les militants « A » revendiquent cette absence de désir comme une « orientation sexuelle » tout à fait compatible avec le sentiment amoureux.

Cette asexualité a sans doute existé de tout temps, mais on ne mettait pas de mot dessus. Les vieilles filles et les vieux garçons d'autrefois étaient sans doute des « asexuels ». Ils étaient un peu à part et vieillissaient seuls. On peut, bien sûr, se poser la question de la cause psychologique de ce désintérêt pour la sexualité. Un « œdipe » mal digéré ? Un traumatisme d'enfance ? On peut s'interroger sur ce que cela signifie dans un monde où il y a une telle promotion de la sexualité partout, dans les journaux, à la télévision. On entend dire « trop de sexe tue le sexe ». C'est peut-être au fond une réaction assez saine !

Solitude et liberté

En marge des territoires que je viens d'explorer, où le couple réel ou fantasmé est roi, il y a ces terres arides où règnent la solitude.

Brigitte Lahaie avait attiré mon attention sur celle des femmes. « Vous n'imaginez pas le nombre de femmes seules, après 60 ans et même avant, qui se plaignent de ne pas rencontrer d'hommes ! C'est le lot des femmes, car les hommes eux ne restent généralement pas longtemps sans compagne. »

Mais s'en plaignent-elles toutes ?

Beaucoup d'entre elles sont encore belles. Elles ont souvent choisi elle-même leur solitude. Comme cette femme de 60 ans venue me dire, à l'issue d'une de mes conférences, qu'elle avait décidé de quitter son mari. « Cela s'est fait à l'amiable », ajoute-t-elle, arborant un certain panache. Elle voulait retrouver sa liberté.

Ces femmes-là ne courent pas après un éventuel compagnon. Elles vont goûter aux délices de la liberté. J'ai beaucoup aimé le livre de Sylvie Brunel[1] inspiré de

---

1. Sylvie Brunel, *Un escalier vers le paradis*, J.-C. Lattès, 2014.

« Stairway to Heaven » de Led Zeppelin. On y lit un hommage vibrant à la force des femmes et à leur don pour la liberté. Les femmes savent mieux que les hommes vivre en solo, dit-elle. Cela n'a d'ailleurs rien à voir avec la solitude. Savoir faire des choses seules, et pour soi, ne rendre de comptes à personne. « Occuper son lit dans toute la diagonale, allumer une lampe au cœur de la nuit pour lire à son aise, décider souverainement à chaque minute de son emploi du temps, s'arrêter pour savourer un coucher de soleil, aller au cinéma sans avoir à prévenir quiconque de son retard. Ne plus avoir à se justifier ! »

La femme radieuse qui est devant moi va prendre soin d'elle, de ce qui la passionne, de ce qu'elle aime faire. Je ne lui demande pas pourquoi elle ne pouvait pas vivre tout cela avec son mari, car je connais la réponse. Comme bien des couples, ils ont vécu côte à côte sans creuser le lit de leur intimité. Ils se sont éloignés peu à peu. Avec le retour à la maison d'un homme qui a toujours travaillé dehors, les choses se gâtent souvent.

La solitude subie

Mais d'autres femmes ont été quittées par leur mari ou leur compagnon, tenté de refaire sa vie avec une femme plus jeune, ou bien elles ont perdu l'homme avec qui elles vivaient à la suite d'une longue et grave maladie.

« Je n'aime pas être seule », me dit Anne, quittée par son mari il y a dix ans. Cette jolie femme de 68 ans s'est accommodée de sa solitude, mais ne l'aime pas. Au début, elle a trouvé si triste de devoir prendre son petit déjeuner seule ou de rentrer chez elle après une journée bien occupée, dans un appartement sombre, sans personne pour l'attendre. Bien que belle et désirable, tonique, intéressante, elle n'a rencontré personne avec qui elle ait eu envie de vivre à deux. On s'étonne souvent autour d'elle. « Tu es belle, pourquoi ne rencontres-tu personne ? » Est-elle trop exigeante ? Est-elle toujours attachée à son mari ? Comme beaucoup de femmes dans son cas, elle s'est finalement décidée à s'inscrire sur un site de rencontres réputé.

Mais au bout d'un an et d'une série de rencontres décevantes, elle renonce à cette pêche à l'homme et a décidé d'accepter sa situation. Ne plus chercher, ne plus attendre. Et profiter de ce que la vie met sur son chemin. Et ce que la vie met sur son chemin, ce sont des hommes mariés. « Ne sais-tu pas que tous les hommes bien ne sont pas libres ? », lui a lancé une amie l'autre jour. « Vis ce que tu peux avec eux, et dis-toi que tu as peut-être la meilleure part. Tu ne te farcis pas les scènes de ménage au petit déjeuner, tu ne subis pas le quotidien médiocre et rasoir. »

Elle en convient, mais elle n'a pas renoncé à son rêve de rencontrer le compagnon que son cœur attend.

Pour vivre les choses le mieux possible, elle a décidé que cette phase de solitude avait sans doute un sens. Elle lui apprend à être vraiment autonome. À prendre du plaisir à dîner seule le soir au bistrot d'en face. Elle lui donne une liberté sexuelle que beaucoup de femmes autour d'elle lui envient.

Quant à Pierrette, elle est veuve depuis cinq ans. Aujourd'hui, elle a 68 ans. Ces dernières années un groupe de suivi de deuil l'a beaucoup aidée. Elle me dit être passée par plusieurs étapes. Elle était si attachée à son « homme » qu'elle a bien cru qu'elle n'aurait plus jamais de vie amoureuse et sexuelle, pensant qu'elle ne retrouverait jamais mieux que ce qu'elle avait connu avec lui. Dans les premiers mois de son veuvage, elle admet avoir beaucoup idéalisé leur couple, persuadée que si elle retrouvait un mari, il ne pourrait être « qu'un pauvre ersatz de ce qu'elle avait connu ».

Dans son entourage catholique, assez conventionnel et plutôt malveillant quand il s'agit de sexe, on considère par ailleurs qu'une veuve n'a plus droit à une vie sexuelle. C'est forclos ! diraient les psychanalystes. Elle s'en serait persuadée si elle n'avait pas pris la décision de rencontrer d'autres femmes dans la même situation qu'elle. Quand son deuil a été fait, ce qui n'a rien à voir avec l'oubli, mais avec le retour d'une envie de vivre, d'aller au-devant de la vie, elle a commencé à sentir le désir de rencontrer d'autres hommes. Mais les choses ne sont pas si simples. D'abord, elle s'est demandé si elle était toujours désirable. Elle s'est rendu compte, elle aussi, que ce n'était pas facile de rencontrer un homme libre et « bien ». En l'écoutant, je pense aux statistiques qui disent que 37 % des femmes veuves ou divorcées n'ont pas de partenaires, contre 16 % seulement des hommes. « Vous comprenez, les hommes préfèrent être mal accompagnés que seuls. Ils ne sont pas aussi exigeants que nous, les femmes. Et puis, ils se tournent vers des femmes plus jeunes, car la peur de vieillir les taraude. Cela crée un déséquilibre. » Une de ses amies l'a encouragée à renoncer à chercher un compagnon et à se centrer sur toutes les occasions d'aimer que la vie lui apportait : les enfants, les petits-enfants, les amis. Cette amie, me confie-t-elle, a tenté de la détourner de son projet, en lui rappelant que « de toutes les façons les hommes qu'elle rencontrerait ne penseraient qu'au sexe ! » N'a-t-elle pas d'ailleurs noué une relation tendre et sensuelle avec une femme, une sorte d'amitié un peu amoureuse dont elle est très heureuse ? Comme si cette évolution *homosexuelle* la libérait des hommes !

Pierrette, qui n'est pas attirée par les femmes, revient à son désir de rencontrer un compagnon. Elle ne peut dissocier l'amour de la reprise d'une vie sexuelle, et se rend compte que cela ne se décrète pas.

Elle hésite à s'aventurer sur un site de rencontres. Ses amies l'y encouragent pourtant. Car dans son cercle de relations, elle sait qu'elle ne trouvera pas l'homme qu'elle cherche. Elle est entourée de couples, et elle se sait assimilée à une femme « célibataire », donc potentiellement une prédatrice sexuelle qui les menace. Elle n'est plus invitée nulle part, « comme si les femmes, sentant que je suis *désirante*, défendaient instinctivement leur territoire ».

Oser se donner du plaisir

Voilà Sonia qui se présente d'emblée comme bisexuelle, et parfaitement heureuse dans sa sexualité. Elle a vécu sa petite enfance en Algérie, et situe la naissance de sa sensualité dans un souvenir très particulier qu'elle tient à nous raconter. Sa baby-sitter l'emmenait au hammam. Un lieu où les femmes se parfument, se massent voluptueusement. « Toutes ces femmes orientales plantureuses, généreuses dans leurs formes, m'entouraient de leurs bras, m'embrassaient, me caressaient, me parfumaient. » Sonia est certaine que cette manière que les femmes du hammam avaient de vivre leur corps, cette tendresse féminine, très érotisée, a joué un rôle clé dans la formation de la future amoureuse qu'elle est devenue. Elle dit même que ces femmes ont sauvé sa féminité, car ce n'est pas aux côtés de sa mère, froide, peu démonstrative, qu'elle aurait pu la découvrir. Après une première expérience homosexuelle, à l'âge de 17 ans, avec une femme qui avait le double de son âge et avec laquelle elle a vécu pendant six ans, cette femme a mis fin à leur relation pour vivre avec le meilleur ami de Sonia dont elle était tombée amoureuse. La séparation a été douloureuse. Sonia s'est lancée dans le théâtre, et à l'âge de 26 ans, elle a rencontré un garçon « très beau, amoureux de la nature, jovial » avec lequel elle a vécu également six ans. Sonia dit qu'elle aimait le contact sensuel de son corps d'homme mais qu'elle s'est rendu compte qu'elle préférait de loin faire l'amour avec une femme. Sans doute la force de sa première émotion sexuelle, « ce partage avec le corps d'une femme », a-t-il définitivement marqué sa sexualité. Pourtant Sonia se défend d'être cataloguée homosexuelle. « Je considère que je suis multiple. » Après la rupture avec ce premier amant, qui est devenu un ami, Sonia a enchaîné les relations, tantôt avec des femmes, tantôt avec des hommes, plus jeunes, moins jeunes. « Je n'ai jamais quitté personne. Ce sont mes amantes et mes amants qui m'ont quittée pour d'autres... J'ai toujours accepté qu'ils me quittent parce que je les aimais. Je pense que nous sommes traversés toute notre vie par des êtres, des amours, des rencontres qui font la richesse de nos existences. »

Il y a eu des périodes de solitude qu'elle a su apprivoiser. « Je me souviens être partie seule à Bali. J'ai vu des femmes de 70 ans travailler dans les champs et je me suis dit : quelle chance tu as de pouvoir descendre prendre un café sur une terrasse, de ne pas être violée, d'être libre, de pouvoir t'émerveiller de tant de choses. J'ai mesuré la chance que j'avais. » Aussi quand, à 46 ans, Sonia a eu un cancer, elle a puisé dans son énergie, son optimisme et sa joie de vivre, la force de lutter pour la vie. Elle avait rencontré une femme de dix-sept ans plus jeune qu'elle, et qui l'a accompagnée de sa présence pendant les deux ans de sa maladie. Puis, elle l'a quittée dès que Sonia a été déclarée en rémission. Elle est devenue une grande amie.

J'écoute Sonia raconter son histoire, et suis frappée par sa résilience. Tant de ruptures, et une si grande capacité à rebondir, à garder des liens d'amitié avec tous ses ex. Mais que vit-elle sexuellement aujourd'hui ?

Sonia a aujourd'hui 63 ans. Elle vit seule depuis cinq ans, mais a-t-elle tiré un trait sur sa sexualité ? Certainement pas, dit-elle. En attendant les futures rencontres qui ne manqueront pas de se produire, car lorsqu'on est dans la joie de vivre, chaleureux, accueillant, on attire les autres, Sonia jouit de tous les plaisirs que la vie lui donne, celui de nager, de se laisser porter par l'eau, celui de se caresser. « La masturbation, dit-elle, c'est formidable. Être dans le plaisir que l'on se donne, c'est extraordinaire ! J'ai envie de me le donner, ce plaisir, et je le fais. Je dis souvent aux femmes qui se plaignent de ne plus avoir de sexualité : "mais vous avez des mains, utilisez-les !" » Sonia estime donc qu'elle n'est pas sans sexualité, d'autant plus que dans ses fantasmes, sa jouissance est liée à la visualisation des corps qu'elle a aimés. Ils sont là, présents. « Le plaisir est là, il arrive sans difficulté. » Oui, dit-elle, le fait de faire une place au plaisir sexuel, temporairement solitaire, la garde en vie, généreuse, le cœur aimant. « Cela agit comme un aimant, je le sens bien », dit-elle, nous racontant que la veille un acteur gay de 30 ans, à côté de qui elle se trouvait assise dans le bus, lui a pris la main avec une infinie tendresse, y déposant un baiser. Un geste qui lui a apporté la dose de bonheur dont elle avait besoin pour la journée.

Ses amies lui disent qu'il est dommage qu'elle ne soit pas avec quelqu'un, qu'elle devrait aller sur un site. Sonia préfère attendre « la magie de la rencontre ».

« Je ne vis pas ce passage sans compagne ou sans compagnon comme définitif. Tout peut arriver. »

Comme il est temps de conclure, Sonia nous dit ne pas avoir peur de vieillir et aimer les taches de vieillesse qui constellent le dos de ses mains. Elle aborde « son vieillir » avec confiance et avec toute sa boîte à outils, ses souvenirs, ses fantasmes, le contact intime qu'elle aime créer avec les autres. « Cela ne peut que s'approfondir », n'est-ce pas ?

Vivre entre femmes

Et pourquoi pas ? Combien de sexagénaires me disent qu'elles y pensent. Elles ne deviennent pas pour autant homosexuelles, si elles ne l'étaient pas avant, mais elles sont prêtes à une intimité érotique avec une femme, se masser, se câliner, se donner du plaisir.

Ainsi Véro me raconte qu'elle a décidé de vivre en colocation avec une femme qu'elle a rencontrée dans un stage de massage californien, et avec laquelle elle s'entend bien.

Leur complicité s'est nouée autour d'un massage très pudique échangé un soir. Elle aime sa peau. Elle aime la toucher avec des gestes doux et amples. Elle se sent si bien après lui avoir permis de se détendre. Véro est consciente que c'est surtout le fait de « faire du bien » qui la motive lorsqu'elle masse. En principe, on ne s'attache pas à celui ou celle que l'on masse. Mais en l'occurrence, avec cette amie, il y a à la fois une connivence intellectuelle – elles sont toutes les deux psychothérapeutes, et aiment aller ensemble à des conférences –, et une connivence érotique et ludique. Elles adorent se prendre une soirée, de temps en temps où, après un bon bain, elles inventent des tas de manières de se donner mutuellement du plaisir. Et les moyens ne manquent pas !

Quand je lui demande si un homme ne lui manque pas, elle a l'honnêteté de me dire que si. « Bien sûr, cela me manque. J'aime l'énergie érotique d'un homme, mais je ne la veux pas à n'importe quel prix. » Donc pour le moment, ce projet de cohabitation tendre avec une amie avec qui elle s'amuse et s'entend bien, cela lui convient.

Les initiatrices

On parle généralement des « cougars » d'une manière péjorative. On imagine des prédatrices de jeunes hommes, de vieilles chasseresses à l'affût de l'homme viril qui pourrait venir assouvir leurs désirs érotiques. Il faut dire que les sites pornographiques qui leur sont consacrés n'aident pas à améliorer leur image.

On imagine généralement que l'attirance des hommes pour des femmes plus âgées qu'eux, souvent autonomes et disposant de revenus ou de retraites confortables, trouve surtout son origine dans le besoin d'être rassuré matériellement. Mais ce serait passer à côté de cet autre motif d'attrait : le besoin d'être rassuré affectivement sur son identité d'homme capable de faire jouir une femme.

J'ai d'ailleurs reçu bien des confidences de femmes seules de mon âge me confirmant leur rôle déterminant dans la reprise par leurs amants de passage d'une vie sexuelle.

Souvent « cassés », selon elles, par des femmes plus jeunes, pleines de préjugés sur les performances masculines, leurs amants découvrent avec elles une nouvelle confiance en eux.

Je me souviens du témoignage d'un homme de 45 ans, qui formait depuis quatre ans un couple heureux avec son amante de 70 ans. Il admettait qu'elle n'avait plus le corps d'une jeune fille, mais pour rien au monde il n'aurait renoncé à sa relation avec cette « femme étonnante » dont il appréciait l'expérience et la capacité à exprimer son désir : « Cela m'a surpris qu'elle soit aussi séduisante à son âge. Je me suis senti un peu mal à l'aise la première fois qu'elle s'est déshabillée. Mais elle, elle était si à l'aise avec l'image de son corps, et dans son corps, que ce malaise s'est dissipé très vite. » L'homme m'a confié alors qu'il souffrait de « dysfonction érectile » lorsqu'il l'a rencontrée. Il sortait d'une séparation douloureuse avec une femme qui ne cessait de le diminuer, de le mettre en échec. Il avait perdu toute confiance en lui. Il voue à son amante âgée une reconnaissance non feinte, car elle l'a restauré dans sa capacité virile.

On aurait tort de sous-estimer le rôle des femmes dans l'initiation des hommes. J'ai toujours pensé que c'était une chance pour un jeune homme que d'être initié aux jeux de l'amour par une femme plus âgée. De même, je pense que des femmes mûres peuvent aider un homme qui peine à bander à retrouver confiance en lui.

Je viens de relire *Éloge des femmes mûres* de Stephen Vizinczey. Ce best-seller érotique s'ouvre avec ce conseil de Benjamin Franklin : « Dans vos liaisons amoureuses, préférez plutôt les femmes mûres aux jeunes filles... car elles ont une plus grande connaissance du monde. »

Le jeune Andras raconte sa première liaison avec une femme de vingt-cinq ans plus âgée que lui, Maya. Elle l'initie à l'amour et lui donne une telle confiance en lui qu'il se sent « l'étoffe d'un chef ». Quand elles ne sont pas castratrices, les femmes peuvent donner à l'homme ce sentiment d'être pleinement homme. Vizinczey nous livre, dans ces pages savoureuses, quelques clés. « Maya m'enseignait tout ce qu'il y avait à savoir. Mais "enseigner" est impropre : elle se donnait seulement du plaisir et m'en donnait aussi. Elle se délectait de chaque geste... Faire l'amour avec elle était une communion, et non de la masturbation entre deux étrangers dans un même lit. "Regarde-moi bien maintenant, me recommanda-t-elle, quand elle fut sur le point de jouir, tu vas y prendre du plaisir." »

Le meilleur moyen pour une femme de donner confiance à un homme est de s'occuper de son propre plaisir à elle et de l'associer en l'invitant à la regarder. La communion amoureuse dont parle Andras n'est autre que cette manière pour une femme de savoir donner sa jouissance à un homme qui la regarde.

Mes conversations avec des femmes déçues par le sexe, et finalement amères, m'ont convaincue que la cause de cette frustration est tout simplement en elle. Elles n'ont pas osé chercher leur plaisir et le donner à leur amant. De là à charger l'amant en question de toutes les incompétences, il n'y a qu'un pas.

Que de malentendus autour de la prétendue responsabilité de l'homme dans l'échec de la relation sexuelle ! Un homme de 67 ans m'a raconté qu'une de ses amantes lui avait fait remarquer qu'il avait un sexe trop petit. Il le savait depuis longtemps mais avait découvert que ce n'était pas un obstacle. Il savait jouer de ce « handicap » et pour peu que la femme ne soit pas obsédée par la taille du sexe, il avait appris les mille et une manières d'être en communion amoureuse avec elle. Mais surtout,

les femmes avec lesquelles il atteignait cette communion étaient celles qui savaient combien c'était délicieux de sentir, à l'entrée de soi, le sexe d'un homme
quel que soit son état, de laisser monter le plaisir lentement.

Maya, l'initiatrice d'Andras, alors qu'il vient d'éjaculer précocement, l'enlace de ses bras et de ses cuisses,
se retourne sans lâcher prise, et se retrouve au-dessus
de lui : « Tu devrais faire un petit somme et me laisser
m'occuper de toi. »

C'est ainsi qu'ils purent faire l'amour des heures et
des heures. Et quand il jouissait en elle, elle le suppliait
de rester encore car, disait-elle, « je l'aime aussi quand
elle devient petite ».

Une sexualité autre

Je me suis aventurée sur ce territoire inconnu de l'amour après 60 ans. J'avais toujours en tête cette question : le troisième âge peut-il être l'âge du désir et du plaisir, un âge qu'il faudrait vivre pleinement et consciemment pour pouvoir s'en détacher sereinement à l'approche de la mort ? Je me suis penchée, grâce aux experts, sur les freins physiologiques et sociaux à cet épanouissement.

J'ai rencontré de nombreux sexagénaires qui vivent une seconde adolescence, des femmes seules qui se débrouillent comme elles peuvent de cette solitude, ou qui s'en accommodent joyeusement. J'ai tenté de comprendre ce qui permet aux couples de rester ensemble, qu'ils fassent ou non l'amour, je suis entrée dans la zone peu explorée où vivent ceux qui ont renoncé au sexe, et j'arrive maintenant au cœur de la question : Qu'est-ce qui fait que certains aiment encore faire l'amour en vieillissant et vont même jusqu'à dire que c'est encore mieux qu'avant ?

J'entre donc dans la zone secrète des amoureux de l'amour et qui le restent.

Les couples qui osent dire qu'ils continuent à avoir une vie sexuelle en vieillissant, mais qu'elle est *tout autre*, ne manquent pas de courage. Mais de quoi parlent-ils au juste ? De quelle nature est ce désir que l'âge n'efface pas ? Le désir du corps à corps, le contact sensuel des peaux, la tendresse avec l'infinité des possibles qu'elle engendre occupent désormais la place du fameux « orgasme » auquel tant de couples se sentent astreints pour correspondre aux canons de l'époque. L'*orgasme tyrannique* auquel hommes et femmes vieillissants sont bien heureux d'échapper enfin ! Heureux donc les couples qui savent inventer une nouvelle sexualité. Non pas maintenir envers et contre tout une sexualité à petit feu, aussi bienveillante soit-elle, avec Viagra et sex-toys à l'appui, une sexualité qui n'est qu'une façon de sauver les meubles, mais passer à un Éros nouveau. Un être-ensemble, un « être-au-nid » un « n'être-qu'un », comme on peut l'éprouver dans un abandon tendre et sensuel de l'un à l'autre, qui n'exclut pas le corps intime. Un approfondissement illimité de l'intimité, dirait François Julien.

La vraie jouissance ne se découvre qu'après 60 ans

Comment ne pas partager avec mon lecteur le magnifique témoignage que m'a donné Macha Méril ? Elle a toujours été à mes yeux une femme intelligente et libre, et la manière qu'elle a de parler de sa sexualité dans les ouvrages que j'ai lus d'elle[1] me plaît. Elle en parle sainement et avec humour, très librement, donnant le

---

1. Notamment *Biographie d'un sexe ordinaire*, Albin Michel, 2003.

sentiment d'être parfaitement à l'aise et naturelle sur ce sujet. Elle réussit quelque chose qui me semble très rare, parler de sexe avec une *pudeur impudique.* Pardonnez-moi cet oxymore, mais je trouve qu'il lui va très bien. J'aime aussi qu'elle parle de son sexe comme d'une personne, ayant son autonomie, ayant des réticences ou au contraire des emballements qu'elle ne comprend pas toujours. Pouvant faire grève à certains moments, alors qu'elle aimerait tellement qu'il soit présent et collabore ! Mais non ! Il n'est pas toujours d'accord avec ses choix.

Lorsque j'ai appris par la presse qu'elle venait de rencontrer un homme de 82 ans, et qu'ils allaient se marier, j'ai pris mon courage à deux mains. « Vous êtes une femme qui dégage une joie de vivre et une sensualité qui donne envie aux femmes de notre génération de ne pas renoncer à l'amour », lui ai-je écrit, sollicitant son témoignage. Elle a tout de suite accepté, car le sujet lui tenait à cœur.

Elle est là, assise en face de moi, dans une robe courte, colorée, avec des collants bariolés, pétillante, tonique. On lui donnerait largement dix ans de moins. Elle le sait d'ailleurs. Elle sait qu'elle étonne, lorsqu'elle annonce son âge : 73 ans, presque 74 ! Et sans lifting ! Non, tout juste la poursuite d'un traitement hormonal substitutif (THS)[1] qui lui donne cette énergie, et maintient, comme on sait, la qualité de la peau et la

---

1. Le THS (traitement hormonal substitutif) est l'objet d'une polémique. De nombreux gynécologues poussent leurs patientes à y renoncer, craignant les risques de cancer du sein, mais d'autres admettent que ces risques ne sont pas si élevés qu'on le dit, et font remarquer que les études américaines à l'origine de cette défiance vis-à-vis du THS ont été faites sur des femmes obèses, ce qui change la donne.

souplesse des articulations, un traitement dont elle dit que « toutes les femmes devraient le poursuivre », alors même qu'on les incite à l'abandonner, pour des raisons peu justifiées, à son avis.

Macha Méril est une femme épanouie, amoureuse d'un homme de 82 ans, qu'elle s'apprête à épouser, Michel Legrand, le célèbre compositeur. Ils se sont rencontrés, il y a quarante ans, lors d'un festival de jazz à Rio de Janeiro. Mais à l'époque, elle était encore mariée et Michel aussi. Bien qu'amoureux, ils n'ont pas donné corps à leur rencontre. En novembre 2013, ils se sont retrouvés, cette fois-ci libres l'un et l'autre, et ont décidé de ne plus se quitter.

Je la trouve belle et le lui dis. « Une femme est belle quand elle s'aime », me répond-elle, et « quand elle s'aime, on la désire ». Tout est là, semble-t-elle suggérer d'emblée. Quelle image les femmes vieillissantes ont-elles d'elles-mêmes ? Lorsqu'on est bien à l'intérieur de soi, que l'on prend soin de soi, de sa santé, de son état physique, que l'on entretient non seulement ses muscles mais aussi son esprit, et que l'on reste aimante, ouverte aux autres, gaie, curieuse de tout, alors une sorte de rayonnement se dégage de vous, et peu importent les effets du temps sur le corps, celui-ci reste attirant. Mieux que cela. Le corps n'est pas dissocié de la personne. C'est la personne, avec son charme, son esprit, sa joie de vivre, qui attire.

Nous parlons donc de cette condition première : avoir une bonne et belle image de soi. C'est déjà vrai lorsqu'on est jeune, cela l'est encore plus en vieillissant. Il ne s'agit pas du tout d'être narcissique, de n'être préoccupé que de soi, de son apparence. C'est l'inverse.

Une bonne assise narcissique doit ouvrir sur les autres. L'estime de soi est un socle à partir duquel on peut aller vers l'autre ou au contraire l'accueillir.

Macha Méril me dit qu'elle fait attention à ce qu'elle mange et qu'elle entretient son corps « pour le plaisir, pour se sentir mieux, plus sensuelle, plus forte ». Elle fait de la gymnastique, car « avec le vieillissement, le corps se défait un peu », mais elle estime qu'elle a « des rides agréables ». « Comme vous ! » me dit-elle. Ce qui ne manque pas de me faire plaisir.

Macha m'explique que son vieillissement « l'intéresse ». « Je veux me voir vieillir. Je suis curieuse de voir ce que je deviens. Pas un jour ne ressemble à un autre. Quand on est aimé, c'est extraordinaire, ça vous transforme le visage ! Vous n'avez pas remarqué comme on fait plus jeune après avoir fait l'amour ? »

Elle me rappelle alors que dans un de ses livres[1], elle raconte l'histoire de cette femme qui vient de faire l'amour avec un expert, un homme à femmes, un homme qui fait l'amour constamment avec toutes les femmes qu'il rencontre. Elle se demande ce qu'elle vient de faire, et se dirige vers la glace ; c'est alors qu'elle est stupéfaite de ce qu'elle voit. Elle qui n'est pas d'une grande beauté, elle irradie, elle est magnifique. « Vous ne trouvez pas qu'on embellit dans l'acte d'amour ? »

Si la première condition pour rester désirante et ouverte à l'amour après 60 ans, c'est d'avoir une bonne image de soi, la deuxième, me dit Macha, c'est la capacité de s'abandonner dans l'amour, dans l'acte

---

1. *Si je vous disais*, Albin Michel, 2004.

sexuel. Être suffisamment bien en soi, pour s'abandonner à l'autre avec confiance. On entre alors dans « le
mystère des amours tardives », celles où l'on n'a plus
grand-chose à se prouver, où une grande partie des
objectifs de réussite que l'on s'est fixés sont derrière
soi, où l'on est enfin libre ! Libre d'être soi, libre de
son temps, libre de choisir ses plaisirs, et les gens avec
lesquels on a envie de les vivre.

C'est pourquoi, continue-t-elle, « la vraie jouissance
on ne la découvre qu'après 60 ans ».

Avant de connaître Michel, Macha a eu deux ou trois
histoires assez tumultueuses qui ont duré sept ans
chacune. À la fin de la dernière, elle s'est dit : je ne
choisis pas bien. Tant pis ! Elle s'est alors accommodée
de sa solitude. Elle a fini par trouver que ce statut de
femme indépendante qui gagne sa vie, qui vit seule, ce
n'était pas si mal. « C'est sans doute mon vieux passé
marxiste, mais je n'ai jamais vécu aux crochets d'un
homme. Je pense que l'indépendance économique, c'est
essentiel pour qu'une femme puisse parler. Donc j'étais
dans cet état assez confortable quand nous nous sommes
rencontrés. Cela lui a plu ! »

« Je pense que nous ne serions pas allés l'un vers
l'autre, s'il avait su que j'étais avec quelqu'un. Ni si
j'avais su qu'il était avec une femme. Je ne suis pas une
voleuse de chevaux. Piquer un homme à une femme,
c'est impensable pour moi. C'est très compliqué à vivre
ensemble. Il faut que le hasard fasse qu'on soit libres. »

Et Michel l'était puisqu'il venait de quitter sa
compagne, « une harpiste avec qui il partageait l'amour
de la musique » mais sans doute rien de plus, car la

relation était, selon Macha, très houleuse. Il y a donc mis fin.

Comment se sont passées ces retrouvailles ? Macha dit avoir eu le trac. Elle a très vite su que Michel avait eu de gros soucis de santé, qu'il avait surmontés. Ils ont décidé de passer une semaine ensemble. Et dès le premier soir, elle a découvert qu'ils étaient faits l'un pour l'autre. « Cela a été prodigieux. J'étais soufflée. Toutes les inquiétudes sont tombées. » La relation s'est révélée simple, naturelle, avec ce grain de camaraderie et d'humour qui permet de dépasser les « défaillances, les moments esthétiquement moins jolis ». Ils ont beaucoup ri, dit Macha qui dit aimer le rire, parce qu'il ouvre des portes. Il montre que la vie est un jeu qu'il ne faut pas prendre au sérieux, tout en le prenant au sérieux. Un drôle d'oxymore !

Le deuxième jour, Michel lui a dit : « Je t'épouse ». Macha a beaucoup aimé ce pouvoir de décision, cette virilité. « Il a vu, avant moi, l'avenir de notre lien. Il a été le premier à "voir". Or n'est-ce pas cela la virilité ? Embrasser une situation, la prendre en charge ? » Je sens beaucoup d'admiration chez Macha pour cet homme qui, cinquante ans plus tôt lorsqu'ils se sont rencontrés pour la première fois, n'a pas voulu « fracasser leurs vies » mais qui, voyant sa photo sur l'invitation qu'elle lui avait envoyée pour sa pièce de théâtre, a été « capable de voir la situation de haut » et de s'engager. « Le fait qu'il ait eu cette intuition me donne confiance. Cela me permet d'être encore plus femme. »

Macha me confie qu'il lui arrive « quelque chose d'incroyable ».

J'avais lu, ici ou là, que la satisfaction sexuelle augmentait pour les femmes après 50 ans et que l'après cinquantaine serait l'âge d'une jouissance féminine accrue, voir pour certaines femmes l'âge d'une jouissance enfin possible ! Et voilà que Macha Méril me le confirme :

« Je n'ai jamais eu autant de plaisir ni une jouissance aussi profonde. » On lui rétorque, dit-elle : « Bien sûr vous, vous avez eu beaucoup d'hommes ! » Mais cela n'a rien à voir avec le fait d'avoir eu ou pas beaucoup d'amants, répond-elle, « c'est une question d'abandon ! Il faut savoir ne rien attendre et alors ce qui arrive surpasse ce à quoi on pouvait s'attendre. C'est ça qui est formidable. Je me suis fait remonter les bretelles plein de fois, avec ce que j'écris sur la sexualité, comme si c'était un jeu pour montrer une forme d'indépendance ou d'émancipation. Ce n'est pas du tout ça ! Je m'en fous d'être émancipée. Je ne passe pas un diplôme ! C'est tout simplement mon rapport au plaisir qui a évolué ».

Mais cette « vraie jouissance » qui ne se révèle qu'après 60 ans, quelle est-elle ?

« C'est une jouissance *amoureuse*, car le sexe sans amour, je n'y crois pas », continue Macha. Cela existe bien sûr, mais ce n'est pas cette jouissance-là qui se découvre après 60 ans. La jouissance dont je parle mêle le corps, l'âme, l'esprit. C'est une rencontre au plus haut niveau entre deux êtres, qui sont pareils, qui sont aussi amoureux l'un que l'autre. On dit beaucoup que dans l'amour il faut être complémentaires, je n'y crois pas. C'est peut-être bien pour une vie ensemble mais pas pour une entente érotique intime. Celle-ci nécessite un accord sur les objectifs, les valeurs, il faut avoir le même paysage mental. Quand il y a des différences, trop de différences, au début c'est fascinant, mais très vite ça ne marche plus ! »

Revenons à cette jouissance, lui dis-je, qu'est-ce qui la caractérise ?

« Nous ne cherchons pas à atteindre un objectif, l'orgasme par exemple. Il vient ou il ne vient pas, ça n'a pas d'importance. Je suis irritée par toute la presse qui vous parle de la longueur du pénis, de son érection, des orgasmes. Qu'est-ce que c'est que cette obsession ? Ce n'est pas du tout cela la jouissance. Il y a une infinité de manières de jouir, et des plus profondes. »

Macha me raconte alors que Michel et elle commencent à faire l'amour après une conversation. Elle le constate. « Une belle conversation où nous arrivons à la même conclusion, où nous découvrons des choses sur l'autre. Moi je suis celle qui trouve les mots, lui il est celui qui plaide tout. C'est tellement extraordinaire, nous faisons l'amour en parlant, et l'acte sexuel ensuite s'impose de lui-même. C'est comme si on se fondait l'un dans l'autre, mais pas uniquement par le sexe, par le corps entier, et par *l'idée de faire l'amour*. Je suis devenue pluriorgasmique. Je jouis tout le temps, du début jusqu'à la fin, avec des piques, des excellences. Et cela ne ressemble en rien à ce que j'ai vécu précédemment. Nous allons très loin. »

Je me hasarde alors à une interprétation : « Vous êtes en train de dire que cette disponibilité à l'amour fait que vous faites l'amour en permanence, que vous preniez un repas ou que vous soyez au lit. Tout est érotisé ? Est-ce parce qu'on sent que l'on s'aime que l'on *va très loin* ? C'est une question. »

Ce « très loin » qu'évoque Macha Méril me fait penser à « l'ailleurs » dont parle Jean-Luc Nancy dans son livre sur la jouissance[1]. « Cette aspiration à sortir de soi. Est-ce de cet ordre, ce que vous vivez ? » demandé-je alors à Macha.

« Les corps eux-mêmes n'ont plus le même poids », me répond-elle ; on s'échappe de tout ce qui est concret, matériel. Ça devient presque abstrait. On est dans un autre univers, rien ne vous ramène à la chair, rien, ni la transpiration ni autre chose, il y a une immense tolérance vis-à-vis de notre état charnel, celui de l'autre, le nôtre. On n'est plus dans l'objectivation du corps, on est dans la perception. On se regarde les yeux dans les yeux, mais on ne s'évalue plus. Plus jeune, on s'évalue par le regard parce qu'on a tellement besoin d'être rassuré, mais à notre âge ! Et puis, ce n'est plus l'affaire d'une nuit d'amour, puis d'une autre nuit d'amour. C'est un seul discours qui se continue d'une fois à l'autre, et dont je suis très curieuse. Ce ne sont pas des petits chapitres clos, c'est une grande histoire qui se passe, extraordinairement sensuelle, et qui n'est jamais pareille. »

Ce qui comble Macha, c'est cette impression qu'elle a de ne faire qu'un avec Michel. « Nous sommes deux personnes en une, depuis le moment où l'on commence à faire l'amour jusqu'au moment où on s'arrête, je ne suis plus seule, mais je plonge en lui et lui en moi.

---

1. Jean-Luc Nancy, *La Jouissance*, Plon, 2014.

Je suis un morceau de lui. Nous sommes une seule entité. C'est quand même très très mystérieux ! J'atteins des sommets de jouissance, et parfois même j'ai l'impression de vivre une sorte de lévitation. »

Macha cite alors Teillard de Chardin et la possibilité que nous avons, selon lui, d'entrevoir ce qu'on pourrait être, si on n'était pas de chair et d'os.

Et d'en conclure : « La sexualité, la vraie, est spirituelle. Le corps et l'esprit, c'est la même chose ! Quand faire l'amour est vraiment réussi, il n'y a pas d'acte plus grandiose.

C'est la vraie communion. Pour moi il n'y en a pas d'autre. »

En écoutant Macha Méril me parler de la dimension spirituelle de l'amour érotique, je me souviens du témoignage de cette autre femme, citée par Régine Lemoine-Darthois et Élisabeth Weissman dans *Un âge nommé désir.* « Quand je parle de spiritualité dans la relation amoureuse, c'est par exemple lorsqu'on est tous les deux, lui en moi, dans un état proche de la méditation, sans mouvement, comme reliés à l'univers. C'est un plaisir absolu, mais sans jouissance, sans orgasme, le bonheur d'être. C'est comme si tu rencontrais Dieu lui-même... tout en nous s'ouvre à l'autre et au monde[1]. »

Macha Méril est-elle consciente qu'elle fait tomber nombre de clichés ? Elle dresse un tableau de cette « nouvelle sexualité » libre, ludique, consciente, dont parlait Robert Misrahi, à propos de ce que l'on peut découvrir en avançant en âge. Est-ce le propre de la

---

1. *Un âge nommé désir*, Albin Michel, 2006, p. 124.

maturité ? « Oui, me répond-elle. Il y a une liberté nouvelle parce que l'on n'a plus rien à se prouver. C'est peut-être cela que la maturité apporte : le fait de ne rien attendre, de ne pas avoir d'objectif, de s'abandonner avec délice. Quand on est jeune, l'idée du plaisir dérange, et puis on a des doutes sur soi, sur son chemin, est-ce qu'on répond aux aspirations des autres ? Est-ce qu'on est suffisamment sexy, est-ce qu'on est une bonne amante ? » Macha évoque devant moi la conversation qu'elle vient d'avoir avec Nathalie Dessay. « Nathalie est libérée de l'objectif de devenir une grande chanteuse, et maintenant elle chante pour le plaisir. C'est du même ordre. Je ne dis pas que je ne faisais pas l'amour pour le plaisir, mais que ce plaisir était mêlé de toutes sortes d'ombres. Tandis que maintenant, il est pur. Il est ouvert sur toutes sortes de possibles, et je suis infiniment curieuse de les découvrir. »

J'écoute Macha en pensant à cette « ouverture au nouveau » qui est peut-être la seule vraie clé du « vieillir heureux ».

Est-ce parce qu'il y a cette « communion des corps et des âmes » entre eux que Macha et Michel veulent se marier, et qui plus est « à l'église » ?

Macha me raconte alors qu'elle est mécréante et agnostique mais de tradition orthodoxe, et que ce qui caractérise la tradition orthodoxe, c'est la musique.

Les offices sont composés par de très grands musiciens. Quand elle a proposé à Michel qu'ils se marient dans la cathédrale de la rue Daru, elle lui a dit : « Un office religieux orthodoxe, c'est un concert. On se marie pour la musique. »

Macha me précise, ce que je savais déjà, que dans l'église orthodoxe, on a droit à l'erreur. On peut se marier trois fois. « La deuxième fois, ce qui est son cas, on se remarie en blanc. Mais si c'est un troisième mariage, on se marie alors en noir. » Comme Michel a divorcé deux fois, il peut lui aussi se marier religieusement mais il lui faut se convertir à l'orthodoxie. Ce que Michel a accepté par amour pour elle.

« C'est un luxe que nous allons nous offrir », conclut Macha Méril. Ils ont pris tous les deux cette décision de se marier religieusement parce que leur mariage n'est pas un acte social. Ils ne se marient pas devant la société, mais ils veulent dire au monde que les surprises de la vie existent, et qu'ils s'engagent l'un vis-à-vis de l'autre à partir pour une nouvelle vie ensemble et à vivre un amour éternel.

« On va peut-être retrouver le vrai sens du mariage chez les seniors, un mariage inutile et joyeux. »

Macha se rend bien compte que leur mariage dérange un peu, dans un monde où le mariage n'a plus beaucoup de sens, sauf pour les jeunes qui veulent fonder une famille ou pour les homosexuels. C'est un mariage qui sort de l'ordinaire, aussi parce que leurs enfants sont d'accord et ce sont eux d'ailleurs qui « font part » du mariage de leurs parents.

« Au fond, nous donnons une forme à notre désir. N'est-ce pas bien pour deux créateurs comme nous ? »

Une sexualité accomplie, moins sauvage

On pourrait croire que seules les femmes savent parler de cette « sexualité autre » qui est « l'embellie du grand âge » dont parle si bien Misrahi. Ce serait une erreur. Les hommes aussi ont accès à elle, et d'ailleurs souvent grâce aux femmes, comme on le verra dans les deux témoignages qui suivent.

Régis est journaliste. Il vit depuis longtemps une double vie qui, au fond, lui convient. Marié avec quatre enfants, plusieurs petits-enfants, il n'a jamais voulu remettre en question cette vie de famille à laquelle il tient et qu'il a construite au fil des années. Mais c'est un amoureux dans l'âme, un « amoureux de nature », dit-il. Il ne peut vivre sans que cette fibre bien particulière ne vibre.

« J'ai toujours été amoureux. Cela a toujours été important. C'était l'incandescence avec les tourments, des amours brûlantes avec toujours une pointe d'anxiété, parce que je n'avais pas assez confiance en moi. J'ai été longtemps dans le feu, dans la lave. C'était fulgurant mais toujours très rapide. » Puis à l'âge de 40 ans, Régis a rencontré une initiatrice de son âge, dont il n'était absolument pas amoureux, mais qui l'aimait. Cette relation a duré cinq ans. « Elle m'a fait découvrir, sans doute en le découvrant elle-même, que l'amour pouvait durer des heures. » L'ami journaliste me dit que cette relation lui a donné confiance : « Cela a calmé quelque chose en moi. » Et dix ans plus tard, il a connu une femme dont il est tombé très amoureux. « Lorsque nous faisions l'amour, nous nous regardions dans les yeux. Je me suis aperçu que cela ne m'était jamais arrivé. J'ai donc découvert cela tardivement, cette plongée dans l'âme de l'autre quand on la pénètre. »

Pour la première fois, il a essayé de jouer le jeu de la transparence totale avec sa femme et cela a déclenché une véritable guerre chez lui. « J'ai tenté cette folie d'essayer de se faire rencontrer ma femme et mon amante. Je me rends compte maintenant que c'était d'une violence inouïe pour les deux. » Régis était persuadé que c'était un signe de maturité, cette franchise, mais il a déchanté. Car ensuite, c'est sa femme qui l'a trompé, et cette fois-ci c'est lui qui ne l'a pas supporté. Il s'est rendu compte qu'il était incapable de vivre la réciproque. « Je suis devenu d'une jalousie terrible. Et j'ai connu une vraie dépression. » En sortant de cette dépression avec force psychothérapies et psychotropes, il est arrivé à l'âge de 60 ans, un genou à terre. Avec une épouse qui hésitait à le quitter, tellement elle appréciait cette nouvelle liberté.

Puis, un jour, elle lui a dit qu'elle resterait avec lui mais qu'elle ne voulait pas entendre parler de ses histoires de femmes. Elle n'était plus amoureuse de lui, et la sexualité ne l'intéressait plus du tout, mais elle avait de la tendresse, et il y avait les enfants et les petits-enfants...

Régis s'est retrouvé « tout con », presque obligé d'aller voir ailleurs. Il en profite pour me dire qu'il trouve que les femmes sont souvent responsables de l'infidélité de leur mari. « Quand c'est la Sibérie en hiver, qui est vraiment l'infidèle ? Celui qui va voir

Sex and sixty

ailleurs, ou celle qui se refuse à faire l'amour pendant des années ? »

L'ami journaliste s'est remis à séduire et à se laisser séduire. Quand il disait aux femmes : « Je suis marié », elles marquaient un étonnement certain. « Ah bon ? Ça ne se voit pas ! Tu n'as pas du tout l'air marié. »

Il a donc eu plusieurs amantes au fil du temps, qui toutes finissaient par mettre un terme à leur relation, parce que, dit-il, « les femmes, aussi libres soient-elles, veulent être épousées ». Était-il heureux de cette situation ? Pas vraiment, avoue-t-il, parce qu'il laissait filer de belles histoires qui n'ont pas eu leur chance, et parce que le mensonge a fini par pourrir le bois de sa relation avec son épouse, qu'il croyait protéger.

Et puis, il y a deux ans, il a rencontré une femme de dix ans plus jeune que lui. Il vit avec elle quelque chose de tout à fait nouveau.

« La première fois, nous avons passé trois jours ensemble, et j'étais "à marée basse". Il ne pouvait rien se passer. Je n'en revenais pas qu'elle accepte. Cela m'était déjà arrivé, bien sûr, et en général les femmes étaient assez gentilles, me disant que ce n'était pas grave, me rassurant, mais trois nuits de suite, trois nuits complètes ! » En fait, cette femme ne comprenait pas qu'il reste avec elle trois nuits de suite, sans qu'il ne se passe rien. Elle pensait qu'elle ne l'intéressait pas. « Et puis la quatrième nuit, j'y suis finalement arrivé ! » Elle s'est attachée à lui et ils ont continué à se voir.

À la fin de la première année, il s'est passé un miracle. « Tout d'un coup, je l'ai vue. J'ai vu sa beauté. Non pas sa beauté objective, mais une autre beauté, la

110

vraie, cette lumière qui se dégage du visage... Ça a surgi ! J'ai eu un premier choc. J'ai vu en une seconde tous les problèmes que cet instant allait entraîner. Je me suis dit, je ne vais pas rebasculer dans une vraie histoire... Elle est devenue tout à coup l'archétype de la femme totale. »

Régis tout à coup se met à parler au présent, car je comprends que c'est ce qu'il vit aujourd'hui : « Chaque geste qu'elle fait correspond exactement à ce que je désire, elle est dans le tempo juste, chaque mot qu'elle prononce est juste et me met au maximum de ma masculinité. Et je n'ai jamais vécu cela, un tel accord ! »

Au bout d'un an, cela lui a donné une force qu'il avait perdue. « Je peux faire l'amour plusieurs fois par jour. Comme quoi, cela n'a rien à voir avec le fait d'avoir pris des aphrodisiaques ou du ginseng ! C'est une rencontre d'âmes. Quand on se retrouve, on se dit que c'est incroyable ! J'ai totalement confiance en elle, et elle en moi, et l'érection n'est plus du tout un problème. On peut vaquer à mille choses dans la journée, et tout à coup on décide de faire l'amour, et c'est fulgurant ! Je me sens à la fois dans l'incandescence et dans la sérénité. Je vis un oxymore. Une de mes amies à qui je disais que je vivais une relation totalement érotique et calme en même temps, m'a dit : "Alors tu as trouvé ta shakti[1]." C'est peut-être ça en effet. Je suis arrivé, me semble-t-il, à une sexualité accomplie, moins sauvage. Entrer en résonance à ce point avec quelqu'un d'autre, une telle rencontre d'âme à âme, c'est un nouvel art d'aimer. Passé 60 ans, l'ensemble des pièces du

---

1. Dans l'hindouisme, la shakti est la puissance féminine créatrice.

puzzle amoureux se rassemblent, et on passe à l'octave supérieure. C'est extraordinaire. » Sauf qu'en dehors de cette connivence érotique, le quotidien devient difficile à assumer.

De nouveau, cette femme veut pouvoir se projeter dans l'avenir. Dès le début, il a joué cartes sur table, en disant qu'il n'était pas libre. Elle a réagi en disant que cela n'avait pas d'importance. « Ce n'est pas grave », répétait-elle, prête à vivre ce qu'apportait la relation au présent. Puis les sentiments ont pris racine de part et d'autre, et elle a commencé à se plaindre de ne pouvoir construire quelque chose. Cela devenait « nul », « ça ne menait nulle part ». Il l'a confrontée à ce désir de construction. « Construire quoi ? À notre âge ? » Alors qu'il croûlait sous les dettes ! Même avec une baguette magique il ne voyait pas ce qu'il pouvait « construire » avec elle.

« Pour l'homme que je suis, l'important c'est de vivre le présent. Une soirée extraordinaire, une nuit d'amour, cela me comble. Je ne cherche pas plus. »

« Alors nous avons atteint ce niveau de qualité, et ça en reste là... Si notre amour n'a pas fait exploser tout le reste, c'est que tu fais semblant... », lui a-t-elle répondu.

« Là il y a un désaccord entre nous. Elle pense que tout devrait exploser. Le reste ne devrait pas exister. C'est une tigresse, qui fait parfois des scènes épouvantables. Elle ne comprend pas que ce que nous vivons est en moi, à jamais. Je n'arrive pas à lui faire sentir que le fait que je ne quitte pas ma femme et que je respecte la force de mon lien ancien est une sorte d'étalon. Elle devrait comprendre que cela montre justement que je suis fidèle à ce qui compte pour moi. »

Régis me dit qu'il vit parfois l'enfer. Déchiré entre deux femmes qui tirent la couverture à elles, et qui le mettent dans des situations impossibles.

Puisqu'il est en quelque sorte bigame, qu'il semble tenir à la fois à sa famille nombreuse et à sa « shakti », pourquoi ne se comporte-t-il pas en « chef de tribu » ? lui ai-je demandé. « Tu pourrais décider avec autorité de partager ton temps entre l'une et l'autre, leur imposer un cadre qui les rassure, et t'y tenir. » Régis a semblé trouver que c'était une bonne idée, mais je ne sais pas ce qu'il en a fait.

Le témoignage de cet homme part d'un contexte complètement différent de celui que nous avons découvert avec l'expérience de Macha Méril. Mais il y a un point commun : la découverte au-delà de 60 ans d'une sexualité différente, moins sauvage, plus accomplie.

Un monde érotique partagé

C'est un ami chercheur que j'aime beaucoup. De la race des grands amoureux, bel homme aux lèvres sensuelles, regard viril qui tranche sur un visage d'ange. Bien qu'en couple depuis longtemps, bien qu'attaché solidement, me semble-t-il, à la mère de ses enfants, Folco a toujours vécu en parallèle des histoires d'amour avec des femmes beaucoup plus jeunes que lui. Pourquoi ? C'est évidemment une question que je me suis promis de lui poser. Mais voilà qu'il y a un an, lors d'un colloque, il a rencontré une femme, Marie, un peu plus âgée que lui et qu'il vit avec elle, depuis, une jolie histoire, une histoire qui l'apaise, m'a-t-il dit. Il y a eu rencontre des regards et des pensées, lors de cette matinée de travail, l'intérêt réciproque pour ce que disait ou pensait l'autre. Ils ont eu envie de se revoir, se le sont dit très vite par mail, et se sont retrouvés assez naturellement autour d'un café. Quelque chose passait entre eux, une séduction réciproque évidente. Un trouble assez délicieux. Elle avait beaucoup de charme, et il a su tout de suite qu'il voulait aller plus loin. Ils ont parlé un peu de leur vie privée. Il l'imaginait mariée ou en couple, mais il a découvert qu'elle vivait seule. Il fallait donc qu'il soit tout de suite très clair. Il n'était pas libre et n'était pas en passe de le devenir. Mais il avait besoin d'intensité amoureuse, et s'était toujours débrouillé pour trouver le temps de la vivre. D'emblée, il a voulu qu'elle comprenne qu'il était bourré de contradictions, très complexe mais pas pervers. L'accepterait-elle comme il était ?

C'était un peu une gageure pour cette femme seule de 68 ans, plutôt en quête d'une rencontre qui débouche sur un compagnonnage, que d'une relation amoureuse secrète, avec toutes les frustrations que cette situation allait entraîner. Bien qu'elle eût préféré de loin vivre une relation transparente et ouverte au monde, elle est entrée peu à peu dans l'aventure qu'il lui proposait, non sans peur d'ailleurs, sachant combien il pouvait être « dangereux » de s'attacher à un homme « pas libre ». Mais cette attirance vers lui était suffisamment forte et étrange pour qu'elle prenne le risque d'en savoir plus. Sans doute avait-elle déjà senti obscurément le potentiel érotique de leur rencontre. Elle lui a écrit qu'elle était lucide, et que ce n'était pas la première fois que le hasard d'une rencontre la mettait à cette place troublante, cet écart étroit, incertain entre le désir et sa réalisation. Elle avait confiance, disait-elle, dans sa propre capacité à vivre des choses compliquées, à les traverser *par le fond*. Elle ne savait pas faire autre chose que de ne pas céder sur le désir, tout en lâchant prise sur le reste des contingences. Bref vivre cet écartèlement le plus consciemment possible.

Elle a donc suivi la pente de son désir, s'en remettant à lui et au cours de la vie. Car ce qui était clair, c'est que très vite il y a eu du désir entre eux, puis de l'amour.

Quand Folco m'a raconté cette histoire, j'avoue avoir pensé que cette relation ne durerait pas. Je me suis dit, ils vont se lasser l'un de l'autre. Chaque fois que je l'avais au téléphone, je m'enquérais de l'évolution de cet amour discret. Au début, il a eu peur de l'intensité émotionnelle qui se manifestait entre eux. Peur de s'engager dans une « folie », qui finisse par leur faire du mal, à tous les deux. En fait, ils arrivaient à se voir assez souvent, et même à passer quelques jours ensemble de-ci de-là. Il revenait toujours heureux, car à l'intérieur des limites assez étroites de leur lien, il avait le sentiment de faire du bien à cette femme et par là même de s'en faire à lui-même. C'était manifestement un lien de qualité, dans lequel la dimension érotique était centrale. Il a trouvé particulièrement émouvant cette manière qu'ils ont eue d'entrer tout de suite et si naturellement dans l'intimité l'un de l'autre. N'étaient-ils pas de quasi-inconnus ? Maintenant, ils passent des heures à faire l'amour ensemble, lentement, doucement, et parfois avec passion. Totalement présents l'un à l'autre. Cela m'a fascinée, je l'avoue.

C'est pourquoi, un jour, lui parlant de mon livre sur l'amour après 60 ans, je lui ai demandé s'il accepterait de témoigner. Lui qui avait toujours été attiré par des femmes plus jeunes, qu'est-ce qui l'attirait chez cette femme plus âgée ? Je voulais qu'il me dise avec ses mots à lui, et pour mes lecteurs, ce que cette relation amoureuse lui apportait.

Pourquoi parler de l'âge ? C'est une banalité : les hommes en vieillissant se désintéressent souvent de leur compagne et se tournent vers des femmes plus jeunes. Pour se rassurer, parce que la jeunesse est synonyme de puissance sexuelle, et qu'elle offre un miroir narcissique valorisant. Folco me fait remarquer alors que cette quête sexuelle d'un être plus jeune que soi est vraie pour les deux sexes. On voit des femmes d'un certain âge attirées par des hommes beaucoup plus jeunes, pour ces mêmes raisons. Simplement, les « cougars » sont mal acceptées socialement et le fait qu'on les appelle ainsi est assez significatif. Ce qu'on cherche avec un être plus jeune c'est à se sentir jeune soi-même. « C'est exaltant », dit-il. « On retrouve des intensités, et on fait des rêves que notre âge pourrait nous interdire. Moi, je n'ai pas renoncé à cette intensité, mais je suis en train de découvrir que je peux la vivre avec une femme un peu plus âgée que moi, et c'est nouveau. C'est sans doute possible parce qu'elle *est* jeune. Et cela n'a rien à voir avec l'âge. »

Peut-être même que cette *jeunesse intérieure* alliée à une certaine maturité a son charme. Faire l'amour à une femme de sa génération, cela évite d'être confronté à des demandes qu'on ne peut satisfaire. Non pas tant des demandes sexuelles que des demandes de vie commune, des désirs d'enfant, des exigences qui ne correspondent pas à ce qu'on a envie de vivre à 60 ans. Folco connaît des hommes de son âge qui ont « refait leur vie » comme on dit. Ils ont des enfants de 6 ou 7 ans avec une jeune femme. « Ce que j'observe alors le plus souvent c'est que, même s'ils peuvent être heureux ainsi, ils restent dans le sillage du désir de leur femme et alimentent leur vie à ce désir. C'est un peu "le prix à payer". Leur désir est devenu hybride. »

Chez la femme qui n'a plus ce désir d'enfant, le désir est différent et le plaisir sans doute libéré, surtout si elle n'est pas en attente de quelque chose de précis, comme l'envie de se remettre en couple pour sortir de sa solitude. Si elle se confronte à son propre désir, continue Folco, « si elle accepte d'en explorer la complexité avec l'autre, alors on est dans une situation "idéale" me semble-t-il. Peut-être rare ».

Cette situation érotiquement « idéale », Folco estime qu'il la vit en ce moment. « Je suis touché par tout ce qu'elle déploie d'intelligence amoureuse », me dit-il. Il a rencontré une femme très sensuelle, et c'est bien la rencontre de leurs sensualités qui invente un jeu érotique sans fin. « Chaque fois que j'ai senti que j'allais plus loin dans le plaisir que j'avais, c'était parce que l'autre s'abandonnait à moi et me donnait la possibilité de lui donner du plaisir. C'est dialectique, en somme :

s'abandonner c'est donner tout en recevant, donner parce que l'on reçoit simultanément et non pas successivement. C'est une sorte d'équilibre délicat qui se construit à deux et qui suppose à la fois de savoir lâcher prise et paradoxalement de "veiller à le faire". »

Folco me parle alors de cette image du surf qui caractérise plusieurs chose pour lui – le plaisir qu'il éprouve au faîte de lui-même en retenant sa propre fin, mais aussi cette façon de se laisser guider par l'abandon de Marie, tout en étant à son écoute. « C'est comme si mes sens étaient surdéveloppés, comme si tout mon corps était une plaque sensible ou se répercutent chacun des mouvements de son corps de femme que j'interprète à grande vitesse avec le risque toujours possible de me tromper et le plaisir à chaque fois renouvelé de me rendre compte que ça n'a pas été le cas et que nous avons fait coïncider nos plaisirs en un seul, parce que nous l'avons construit ensemble, ce plaisir. C'est ce corps, *notre corps*, qui est le résultat de cela. Alors est-ce l'âge qui permet cela ? Peut-être une certaine forme de sédimentation sensuelle nous donne-t-elle plus de confiance pour aller plus loin – encore faut-il rencontrer la bonne personne qui l'autorise. » Cette *épaisseur* de la sensualité, Folco pense qu'elle s'acquiert en effet avec l'âge. L'âge qui donne peut-être aussi l'envie de prendre son temps, l'envie d'une certaine lenteur. Des choses que l'on s'est peut-être interdites jusque-là, parce qu'on était dans une vie trop pressante. L'intensité amoureuse, l'intensité des sentiments et des sensations, n'est donc pas liée à la jeunesse. Il est en train de s'en rendre compte. Elle n'est pas moindre dans ce qu'il vit avec Marie. Bien au contraire. « C'est une expérience particulièrement bouleversante. » En fait, conclut Folco, « je pense que l'on fait de mieux en mieux l'amour en vieillissant à condition d'avoir toujours été concerné profondément par cette expérience qui est aussi une ouverture à l'autre, une curiosité pour lui et un besoin d'amour. Si l'on n'a pas cela, on ne peut rien enrichir du tout. La relation amoureuse est en fait profondément éthique. L'intimité d'un corps, c'est tellement troublant, que chaque fois qu'il nous est donné de faire l'amour une première fois c'est comme si c'était *la* première fois que nous faisions l'amour ».

La première fois qu'ils ont fait l'amour, me dit Folco, il était intimidé. Il avait peur que son désir ne soit troublé par la rencontre avec un nouveau corps. Aurait-il envie d'elle complètement et jusqu'au bout ? Il craignait que son désir le quitte et qu'elle soit déçue. D'un côté comme de l'autre il n'avait aucune assurance. « Mon sexe n'était d'ailleurs pas très dur, cette fois-là. Il se gonflait et se dégonflait alternativement. Face à cette inconnue, j'étais dans l'incertitude et le doute. Quelles étaient ses attentes ? Avait-elle des désirs précis ? Avais-je le genre de virilité qui lui convenait ? Cherchait-elle un être un peu brutal plutôt ? Enfin toutes ces idées et ces interrogations se bousculaient dans ma tête et venaient interférer entre elle et moi, mais comme un filet transparent à travers lequel je la découvrais progressivement. Je ne sais plus si elle a joui la première fois mais je sais qu'elle a accepté ma tendresse et qu'elle avait envie de mes baisers. J'ai senti une véritable écoute de sa part, un plaisir aussi, qui m'ont encouragé – même si je l'ai crue un moment un peu "directive" car elle m'a demandé tout de suite de *ne pas bouger* en me déclarant d'emblée qu'elle était "une femme tantrique". »

Je me suis promise à ce moment-là du récit de Folco d'essayer de rencontrer Marie pour avoir son témoignage sur cette sorte de jouissance qu'elle a qualifiée d'emblée de « tantrique ».

« Nous avons donc commencé à faire l'amour lentement », continue Folco. « Je la pénétrais doucement et je restais en elle sans bouger puis je redonnais à mon bassin un léger mouvement de balancier et je sentais qu'elle aimait cela. La seconde fois la peur m'avait quitté mais j'étais encore un peu intimidé. Cette fois j'ai bougé davantage et elle m'a dit que cela aussi, elle aimait. » Folco a compris qu'en fait Marie pouvait aimer toutes sortes de façons de faire l'amour. Elle n'avait pas d'idées arrêtées. « Alors j'ai décidé de commencer à imaginer NOTRE corps. Je ne l'ai, bien sûr, pas décidé consciemment mais j'ai senti cette image se construire en moi en même temps que je la désirais. J'ai vite compris qu'elle était quelqu'un de particulièrement sensuel mais aussi une femme aimante, qui a envie et besoin de se sentir traversée par l'amour. Je ne m'attendais pas à cela avec une femme de son âge. »

Folco pensait – n'est-ce pas ce qui paralyse bien des hommes ? – que Marie aurait certaines exigences et attendrait de lui un comportement particulier. Ce n'est pas ce qui s'est passé. Elle s'est montrée, semble-t-il, très ouverte à tous les possibles. Et cela sur le plan érotique comme sur le plan intellectuel. « J'ai rarement rencontré quelqu'un d'aussi disponible à la nouveauté et qui en même temps tienne profondément à ses convictions. » Il y a chez cette femme, me dit Folco, quelque chose d'inspiré et de déterminé, mais libre en même temps. « Sur le plan des corps c'est pareil et j'ai senti qu'elle me suivrait où je l'emporterais. »

Folco veut-il m'en dire plus ? Je suis fascinée par son récit, par cette rencontre érotique sublime, à un âge où tant de gens pensent que plus rien d'intéressant ne peut se vivre. Je repense au témoignage de Macha Méril qui m'a confié qu'à son âge elle découvrait des contrées érotiques inconnues.

Oui, me dit Folco, il semble que Marie soit allée plus loin avec lui qu'avec n'importe qui. Et en lui permettant de l'emmener si loin, elle lui a ouvert un univers immense. « En explorant son corps avec mon sexe, ma langue, mes mains, je l'ai sentie si profondément vibrer que j'ai vécu une expérience physique et psychique inouïe. Je me souviens d'un jour où j'avais l'impression que l'on pourrait ne jamais s'arrêter. Ses orgasmes s'enchaînaient sans fin à la façon dont certains musiciens de jazz soufflent en continu dans leurs instruments et sans reprendre haleine, si bien que rien ne les arrête jamais, sauf la musique elle-même car elle est modulée sur leurs inspirations et leurs expirations. C'était d'ailleurs si intense que j'avais presque peur. »

Folco est conscient qu'un tel plaisir chez la femme donne à l'homme une satisfaction narcissique, tant il fait l'épreuve de sa puissance virile. Mais ce qu'il me décrit là transcende largement ce stade, ou ce degré, si bien que, tout en étant à son début une composante plus ou moins importante du plaisir, cela disparaît progressivement, face à cet érotisme partagé avec une telle intensité.

C'est bien ce *monde érotique partagé* qui me semble le cœur de la question spirituelle de l'amour charnel. « Là il n'est plus question de soi : il est question d'un "soi-autre" ou d'un "autre+soi", autre *de* soi peut-être, car on ne s'abandonne pas tout à fait complètement, mais aussi autre *que* soi, car on se dépasse vers l'autre jusqu'à s'abandonner à lui presque entièrement. C'est dans ces limites où se situent le "presque" et le "pas tout à fait" que s'opère cette magie du plaisir donné et reçu, donné parce que reçu et reçu parce que donné. » Cet oubli de lui-même, Folco peut le vivre car, dit-il, la sincérité de Marie est entière, « son enthousiasme immense, comme une invitation à aller toujours plus loin ».

Folco me confie qu'à plusieurs reprises il a atteint, lui aussi, un monde qui le rapprochait de la transe mystique. « Je comprends le sens du mot *spiritualité* qui est ici le revers exact du mot sensualité. Je n'avais jamais fait l'amour comme cela. Et pourtant j'ai été propulsé parfois à des sommets de jouissance proches de la douleur. Mais là je faisais une expérience toute nouvelle. *J'endurais le plaisir partagé*, le plaisir de lui donner un plaisir presque suffoquant. »

Comme dans l'art d'aimer taoïste, Folco constate qu'il éjacule très peu. C'est nouveau. « Mais cela m'emmène peut-être ailleurs, encore plus loin. J'ai pourtant une longue habitude de me "retenir" ce qui m'a toujours procuré énormément de plaisir mais là je n'ai même plus besoin d'y penser et du coup je me concentre entièrement sur elle et sur son plaisir et cela me transporte littéralement. »

Le témoignage de Folco m'intéresse à double titre. Il est sublime, mais il montre aussi qu'une femme de plus de 60 ans peut entraîner un homme vers des sommets de jouissance. Peut-être parce qu'à son âge, elle peut enfin vivre librement sa sensualité, s'abandonner. Folco, qui a accumulé une grande expérience des femmes plus jeunes, se dit surpris par Marie. « Elle n'attend rien de l'autre : elle l'attend, *lui*. Elle semble en attendre tout *ce qu'il est*. Peut-être le peut-elle parce qu'elle est passée par toutes ces expériences de la vie qu'elle a connues. Je ne sais pas mais ce qui est sûr c'est que sans cette disponibilité particulière qui est la sienne ça ne marcherait pas. Le corps devient-il philosophe en vieillissant ? Sait-il plus clairement ce qui lui convient le mieux ? C'est possible mais encore faut-il l'écouter et seule la disposition amoureuse le permet. »

Le choix de la joie comme étoffe de la vie

Arrivée à ce point de mon voyage, j'ai eu envie de relire *La Joie d'amour*.

Mon lecteur se souvient que j'ai eu une pensée pour Robert Misrahi[1] en commençant ce livre car c'est un vieux philosophe qui parle d'expérience. Il parle de lui. De ce qu'il a vécu, de ce qu'il vit à son âge avancé[2].

---

1. Robert Misrahi, *La Joie d'amour. Pour une érotique du bonheur*, Éditions Autrement, 2014.
2. Robert Misrahi est né le 3 janvier 1926.

Ce regard d'un homme très âgé sur l'amour et le désir me semble particulièrement précieux. La joie d'amour est un horizon possible, exigeant, souhaitable même, affirme-t-il, pour toute personne qui avance dans la maturité de l'amour. Elle est pour lui « l'un des enjeux fondamentaux » de sa pensée et de sa vie. Le choix de la joie comme étoffe de la vie est préférable à toute autre forme d'existence.

Conscient de tous les obstacles à « la joie d'amour », qu'il analyse avec finesse, et qui découlent selon lui de l'institution de la monogamie (la lassitude qui entraîne la fin de l'amour, la domination de l'un par l'autre, la possessivité et son corollaire la jalousie, le malentendu, la trahison), Misrahi nous montre aussi comment l'être doué de liberté et de réflexion que nous sommes peut contourner, dépasser ces obstacles, pour « inventer » – le mot revient souvent – des voies nouvelles[1].

Il nous dit tout le dégoût que lui inspire une sexualité qui serait sa propre fin : « Les nuits de pure dépense sexuelle, les partouzes sans âme, l'échangisme consumériste, l'accumulation des conquêtes, le libertinage[2] ». Bref, une sexualité qui « ne saurait produire au mieux que lassitude et ennui, et au pire, l'angoisse de l'absurde et de la solitude par l'évidence du manque d'amour[3] ». Il sait que le temps attaque sévèrement l'amour, qu'il le détruit souvent, l'abîme, que l'habitude le tue. Il sait

---

1. Cette « invention » au cœur de l'amour a été magnifiquement développée par Gilles A. Tiberghien dans *Aimer, une histoire sans fin*, Flammarion, 2013.
2. *Ibid.*, préface de Michel Onfray, p. 8.
3. *Ibid.*, p. 20.

que le vieillissement modifie la donne, que la lassitude s'installe au bout d'un certain temps. Pour autant, l'amour reste pour lui la seule chose qui vaille vraiment d'être vécu, et malgré tous les désastres et les échecs que nous connaissons tous, il soutient avec conviction que des solutions restent possibles pour que l'amour atteigne son but : la joie et l'accomplissement. Les « voies d'invention » sont possibles, à tout âge.

Comment ne pas prendre au sérieux ce qu'il nous dit, puisqu'il parle d'expérience et que c'est un homme très âgé qui s'adresse à nous ?

Le désir peut nous tomber dessus, mais l'amour se construit, *la joie d'amour est un choix.*

Pour cela il faut le vouloir. Vouloir la joie, vouloir la jouissance, vouloir la liberté. Les trois termes sont intimement intriqués dans cette érotique du bonheur, qui peut être, rappelons-le, « l'embellie de l'âge », et qui concerne « le corps concret, corps de chair, de désir, d'émotions, de plaisirs, de frissons, de caresses[1] ».

Misrahi nous donne des pistes pour y parvenir, il nous dit « comment faire[2] » avec la chair et l'esprit pour que la joie demeure.

La volonté de jouissance suppose *la conversion.* Ce terme philosophique n'a rien à voir avec la conversion religieuse. C'est un terme que Misrahi affectionne et qui désigne la réflexion à laquelle chaque personne, douée de liberté, est appelée si elle désire « construire » un amour. La *conversion* désigne le travail intérieur

---

1. *Ibid.*, p. 8.
2. *Ibid.*, p. 20.

auxquels les amants sont invités s'ils veulent parvenir au « haut amour ».

Réfléchir à ces écueils de l'amour que sont la jalousie, l'esprit de possession, conduit, si on en a la volonté, à une autre conception de l'amour, dans laquelle la liberté de chacun des partenaires est respectée, et dans laquelle le chemin pour mieux comprendre *qui* est l'autre est incontournable.

Robert Misrahi analyse cet obstacle à l'amour qu'est « la méconnaissance » ou le « malentendu ». On croyait aimer quelqu'un et on s'aperçoit avec le temps qu'on ne connaît pas cette personne. On ne sait pas *qui* elle est vraiment. On construit une vie commune sur une base en quelque sorte pourrie. Ou bien c'est l'autre qui vous méconnaît. Peut-être parce qu'on ne lui a pas permis d'avoir accès à notre intimité. Il vous critique, vous fait des reproches. L'estime de soi en est atteinte et bafouée. Comment ne pas être confronté un jour, dans un couple, à cette difficulté anthropologique de l'institution monogame et de l'exclusivisme sexuel qui va avec ? Comment tenir la fidélité toute une vie ? « Tous les sujets ne sont pas aptes ou disposés à s'en accommoder longtemps[1]. » La transgression, si elle est un plaisir, entraîne le plus souvent mensonge et duplicité. L'écart avec l'autre, délaissé, se creuse. Si celui qui est « trompé » vit cette trahison comme un « assassinat symbolique », celui qui trompe, et qui n'est pas compris dans ce qui le pousse à cette transgression, éprouve comme un « anéantissement symbolique » de son être

---

1. *Ibid.*, p. 71.

profond. Le silence, la méconnaissance finissent, nous dit Misrahi, un jour ou l'autre par entraîner une séparation des esprits et la conséquence la plus plausible est l'échec de l'entreprise amoureuse[1]. C'est la validité de l'engagement réciproque qui est remise en question.

Alors comment faire ?

Le remède à tous ces maux n'est ni dans la polygamie institutionnelle, dont Misrahi nous prouve qu'elle engendre elle aussi autant de souffrances que la monogamie, ni dans le libertinage ou des sexualités de passage – qui sont étrangers à l'amour –, mais dans des formes d'amour qui respectent le ou les êtres aimés. Parmi ces formes d'amour, l'amour unique, réciproque et *fidèle*, est aussi exceptionnel que rare, avoue-t-il. L'amour fidèle implique que « chacun, ayant décidé de connaître l'autre, toujours mieux dans sa chair et dans sa personnalité », le couple décide ensemble de « vivre au long du temps, avec le temps, leur amour, leur intimité, leur tendresse tels qu'ensemble ils les font évoluer. Dans un tel couple, le projet est l'approfondissement infini de la connaissance intime de l'autre, et l'acceptation de sa personnalité et de ses limites ».

L'autre forme d'amour susceptible de ne pas engendrer les souffrances qui mènent à sa fin, c'est *l'amour multiple*, la possibilité de vivre plusieurs amours en même temps et en toute liberté, dans la paix.

---

1. *Ibid.*, p. 56 : « De cette méconnaissance de soi par l'autre, méconnaissance de ses valeurs et de ses créations, le sujet peut d'autant plus souffrir qu'il garde soigneusement le silence. La dissymétrie (l'un parle et l'autre se tait) accroît la distance et la séparation. »

Que veut-il dire par là ? Nous avons vu que Misrahi condamne le libertinage et que l'expression « amour multiple » n'a pas grand-chose à voir avec les partouzes ou l'échangisme. Ni même avec ce mouvement[1] qui plaide aujourd'hui pour la transparence vis-à-vis des amours plurielles. « Chacun dit à l'autre : nous nous aimons, nous formons ensemble une unité précieuse ; mais nous sommes tous deux des êtres libérés de toute tradition, de tout moralisme, et nous incarnerons ensemble, par l'offrande faite par chacun à l'autre du récit de ses aventures, une nouvelle morale de la liberté et de la responsabilité[2]. » Il n'y aura donc ni trahison ni duplicité. Ce moralisme de la transparence serait le bienvenu, nous dit Misrahi, s'il sauvait la vie d'un amour, en dépassant la problématique de la jalousie. Mais les choses ne se passent pas ainsi.

Analysant *L'Invitée* de Simone de Beauvoir, une adepte de cette théorie de la transparence, Misrahi nous montre aisément qu'on est loin du compte. L'irruption de Xavière dans la vie de Pierre fait terriblement souffrir Françoise. Car, enfin ! faire don à l'autre d'une vérité qui signifie que la relation est devenue insuffisante et que le pouvoir d'attraction érotique et affective de son partenaire n'est plus suffisant pour combler le désir, n'est-ce pas un peu sadique ? Ou tout du moins irréfléchi ? s'interroge Misrahi. L'amour véritable est-il encore présent dans le couple ? La transparence lorsqu'elle est convenue à l'avance et imposée ne tue-t-elle pas l'amour ?

---

1. *Les Amours plurielles.* Je les ai évoquées plus haut.
2. *Ibid.*, p. 87.

On avance dans le livre avec un sentiment de suspense. Misrahi, à n'en pas douter, croit que la joie d'amour, une joie comblante, intense, « la plus haute justification de l'existence » n'exige pas l'exclusivité. Un homme, une femme, peuvent éprouver une joie à vivre avec leur compagnon, et pour autant vivre dans le même temps une joie intense dans sa relation avec un tiers. Ce n'est pas une utopie, dit-il. C'est un « réel de l'existence humaine ». Mais c'est un réel qui n'est pas forcément facile à vivre.

Deux voies sont possibles, dit-il, l'*amour philosophe*, rare lui aussi car il suppose un respect réciproque de la liberté et de l'autonomie de chacun à l'intérieur du couple et l'acceptation implicite que l'un ou l'autre des amants, ou les deux, puisse vivre un autre amour. Ou l'*amour secret*, beaucoup plus fréquent mais qui n'est pas sans risques ni sans souffrances, même si cette souffrance-là n'a rien à voir avec les souffrances décrites plus haut et qui entraînent la fin de l'amour.

L'éthique du secret implique des frustrations et des contraintes. Lorsqu'elles sont librement consenties par les amants, l'amour s'approfondit, et la souffrance qu'elles génèrent sont « constituantes de l'amour ».

L'éthique du secret est exigeante pour celui qui décide librement de ne renoncer à aucun de ses amours, de ne pas céder à son désir dans la perspective d'une éthique du devoir ou du sacrifice. Refusant d'être « l'otage » de la compagne ou du compagnon, et de sacrifier un amour neuf sur l'autel du devoir, il veille néanmoins à ne pas blesser celle ou celui à qui le lie « un amour ancien ». « Le respect et le maintien en vie de l'ancienne joie d'amour peuvent n'être pas exclusifs de l'engagement dans une relation neuve et dans un amour spécifique[1]. »

Tenir ensemble deux amours, vivre simultanément la joie et la responsabilité, la poursuite de son propre épanouissement dans un nouvel amour, et « la sauvegarde existentielle de l'être le plus anciennement aimé, de sa santé, de sa sérénité[2] » est en effet exigeant. Mais c'est possible, et bien des hommes et des femmes de qualité y parviennent. Quand ils sont capables à la fois de liberté et de générosité.

Mais l'éthique du secret est peut-être encore plus exigeante pour celui ou celle qui n'est pas dans le couple. Elle suppose un degré d'évolution et de réflexion élevé, loin de tout désir de possession ou de captation de l'autre. Il faut accepter que l'homme ou la femme qu'on aime ait à cœur de ne pas *blesser* le compagnon de vie. Accepter, pour cela, de s'aimer dans un lieu discret, de se voir en pointillé, de ne pas partager de vie sociale. « On ne peut infliger à celui qui n'a pas effectué sa *conversion* une liberté qui agirait sur lui comme un alcool trop fort », commente le préfacier de Misrahi, Michel Onfray[3]. Protection du conjoint qui peut être saisi d'une angoisse d'abandon ou qui est incapable d'envisager le partage.

Il faut, avouons-le, une bonne dose de générosité et d'amour pour accepter librement d'entrer dans un « amour discret ». C'est possible toutefois lorsqu'on a le sentiment d'être pleinement aimé, et qu'une

---

1. *Ibid.*, p. 204.
2. *Ibid.*, p. 209.
3. *Ibid.*, p. 11.

confiance réciproque s'est installée entre les amants. « L'amour discret n'est pas voué à l'échec lorsqu'il est motivé et soutenu par une *entente profonde sur l'enjeu de l'amour.* » Autrement dit lorsque deux amants se donnent pleinement l'un à l'autre, qu'ils sont présents l'un à l'autre sans réserve, dans le temps où ils sont ensemble, l'amour les tire en quelque sorte vers le haut. Ils savent que l'existence d'un tiers, qu'on a le souci de ne pas blesser ou de ne pas abandonner, n'enlève rien à la jouissance que l'on éprouve l'un par l'autre. Ils savent qu'il n'y a pas lieu de comparer l'ancien amour et le nouveau. Ce que chacun représente pour l'autre, sa manière d'engager son corps et son esprit dans la relation, constitue un monde singulier, unique. C'est pourquoi, affirme Misrahi, l'éthique du secret, éthique de la jouissance et de la responsabilité, dont l'enjeu même est l'évitement de souffrances inutiles, n'a rien à voir avec le « mensonge » ou la « trahison ».

L'amour discret peut être une haute forme de l'amour, une « réussite de l'amour ». Ce qui ne peut s'épanouir dans la vie quotidienne ou dans la vie sociale, s'épanouit dans un « jardin secret », à l'abri des provocations et des jalousies. On sait combien ces moments d'intimité secrète approfondissent le lien, et combien la souffrance consentie rapproche les amants. L'amour discret peut durer longtemps, affirme Misrahi. Il peut être tout aussi comblant que l'amour fidèle, « pourvu que, dans son déploiement, l'amour ne produise pas autour de lui la souffrance et le délabrement ».

Une éthique du secret

Cette réflexion sur l'éthique du secret m'a poussée à rencontrer Marie, la compagne de cœur de Folco. Je l'ai fait.

Assise à une table de bistrot, face à elle, je la regarde : elle a du charme. Oui, Folco a raison de dire que c'est une belle femme, qui ne fait pas tout à fait son âge, et qui porte bien ses rides. Sa voix douce et le rythme lent de sa parole surtout me frappent. Il se dégage d'elle quelque chose de calme et de sensuel.

Comment aborder cette femme que je ne connais pas, des contrées aussi intimes de sa relation avec cet amoureux de l'amour qu'est Folco ?

Je lui dis à quel point j'ai été touchée par la manière dont « son homme » m'a parlé de leur relation et je lui confie aussi ma perplexité. Comment fait-elle pour vivre cette relation cachée, secrète, avec un homme qui n'est pas « libre », alors qu'elle l'est et qu'elle vit seule ? Oui, comment fait-elle pour ne pas être frustrée ?

« Parce que je l'aime et parce que je n'ai jamais vécu une relation érotique d'une telle qualité », me répond-elle du tac au tac.

Bien sûr, ce n'est pas facile. Elle s'était promis d'ailleurs de ne jamais s'engager dans une relation « backstreet », comme elle dit, car elle en connaissait les écueils. Mais quand elle a rencontré cet homme magnétique, au regard vif et intelligent, aux lèvres si sensuelles, elle a éprouvé une attirance impossible à maîtriser. Et elle s'est dit, allons-y ! On verra bien ! Elle connaissait son impulsivité mais aussi sa capacité à ne pas se laisser emmener là où elle ne veut pas aller. Or le chemin qu'ils ont pris ensemble s'est ouvert sur tant de perspectives nouvelles, des émotions, des sensations qu'elle n'avait jamais éprouvées avant, qu'elle ne regrette aucunement de l'avoir suivi. C'était un risque, un risque qui valait le coup. Elle a ses coups de blues, bien sûr. Ils ont eu de longues traversées du désert, l'été, pendant les fêtes. Il lui manque et c'est douloureux. Mais ce qui l'a surprise c'est qu'il lui a demandé de ne pas les lui cacher. Elle lui en parle donc. Elle a compris maintenant que cela ne lui faisait pas peur, car au lieu de se replier, de se sentir coupable, il a toujours une manière incroyablement tendre de la consoler. Des mots qui lui apportent la confirmation qu'il l'aime, et qu'il tient à elle. Elle le sent sincère. Alors au lieu de broyer du noir, elle chasse toutes ces pensées toutes faites, du genre « s'il m'aimait vraiment, il quitterait sa femme, il me choisirait... », des pensées finalement assez conventionnelles. Elle pense à tout ce monde qu'elle explore avec lui. Une complicité érotique et sensuelle sans comparaison.

Ils se voient peu, c'est vrai, mais ce sont toujours des fêtes. Sa meilleure amie à qui elle se confie souvent lui fait remarquer qu'elle a la meilleure part. Elle en convient : c'est un paradoxe de plus. L'indisponibilité sociale de Folco ne l'empêche pas d'être complètement présent, de s'engager corps et âme, totalement, dans leur rencontre intime.

J'aimerais savoir ce qu'elle vit de si nouveau, à son âge, avec cet amant assez exceptionnel.

Marie se décrit comme une femme plutôt mentale. Elle a beaucoup fait l'amour dans sa vie, mais très cérébralement. Elle aimait que ça aille vite. Elle aimait que les hommes la fassent jouir vite, qu'ils se plaquent contre elle, la serrent fort, ne bougent plus et attendent que les vagues de la jouissance montent jusqu'à l'orgasme, qu'elle avait très fort. Elle connaissait bien son corps et savait comment il fallait faire pour que ça vienne vite. Aujourd'hui, elle est plus âgée, le plaisir monte plus lentement. Avec Folco, elle a découvert ce qu'est l'abandon. Elle ne cherche pas à atteindre ce qu'elle a connu. Elle se découvre une sensualité qu'elle n'imaginait pas et s'abandonne aux mains, à la bouche, au corps de Folco. Il l'emmène sur des chemins qu'elle ne connaissait pas, elle éprouve des jouissances nouvelles, très intimes. Elle ne veut pas rentrer dans les détails mais je sens qu'elle a ouvert à Folco des portes qu'elle n'avait jamais ouvertes à un autre avant lui.

« Folco n'a aucune barrière. Je n'ai jamais eu un amant aussi inventif, aussi à l'écoute de mon corps, aussi tendre. Je sens qu'il aime mon corps, et pour moi c'est très important, parce qu'il n'est plus très jeune. Mais je crois que ce qu'il aime au-delà de la réponse sensuelle de mon corps, sans doute aussi de la douceur de ma peau, et de ma manière de me donner à lui, c'est moi, la personne que je suis. De mon côté, c'est pareil. J'aime sa voix érotique, grave, sensuelle. J'aime sa façon de m'enlacer, de me pénétrer, sa manière si douce d'explorer mon corps et de lui donner du plaisir. Je me pénètre de *lui – de tout lui*. C'est donc bien sa personne que je chéris, profondément et pour toujours. Il a une place très spéciale dans mon cœur, et je me sens *à lui.* »

Marie et Folco font l'amour des après-midi entières, s'interrompent pour boire un thé, se raconter des histoires, et ils reprennent de plus belle. Il y a une infinie relance du désir. Une relance qu'elle n'avait jamais connue avant. « Une des choses que j'ai découvertes c'est le plaisir inouï du contact de sa peau quand nous nous retrouvons nus. C'est à chaque fois comme si c'était la première fois ! Avant, il me semble que je n'étais pas sensible à cela. »

Cet état de désir quasi permanent se poursuit après son départ. Ils savent, me dit-elle, l'entretenir dans leur correspondance quasi quotidienne. « Il a une façon bien à lui d'entretenir notre désir l'un de l'autre, de me faire sentir que je suis importante pour lui. Cela m'aide à traverser son absence physique. De fait, cet amour, aussi frustrant soit-il, me fait un bien fou, parce que je me sens vraiment femme. Ce que je préfère dans ma vie aujourd'hui, c'est cet abandon sensuel à lui. »

Après Macha Méril, Marie est la deuxième personne que je rencontre qui dit connaître, à son âge, une jouissance infiniment plus longue et plus comblante que celle qu'elle éprouvait plus jeune. C'est la deuxième personne qui me raconte que faire l'amour pour elle ne se réduit pas au coït. Avec Folco, Marie fait « tout le temps l'amour », leurs conversations et leurs plaisirs sont sans fin, sans limites. « J'aime cette confiance avec laquelle nous nous chuchotons des choses graves et qui s'installe entre nous », me confie-t-elle.

Nous parlons depuis plus d'une heure, et une complicité de femmes s'est établie entre nous. Je me sens autorisée à lui en demander davantage sur ce qu'elle appelle ses « moments délicieux ».

« Une nuit, je l'ai attiré contre moi et je lui ai demandé de rester immobile, son sexe en contact avec le mien. Je lui ai demandé d'ouvrir les yeux et de me regarder, puis nous nous sommes embrassés langoureusement, tout en restant immobiles. Il y avait une gravité dans notre étreinte que je n'oublierai jamais. Un engagement de tout notre être. J'ai senti son sexe attiré comme un aimant, mais il n'a pas bougé. Il y avait une intensité extraordinaire. C'était comme si son âme enveloppait mon corps. Il n'en revenait pas. Moi non plus. Puis nous nous sommes retrouvés l'un dans l'autre, vibrants, toujours immobiles. J'ai senti que des vagues de plaisir montaient en moi, et que je m'enroulais comme une liane autour de lui, toujours sans bouger. C'était tout simplement bouleversant. J'ai été soulevée tout à coup d'une explosion de plaisir, comme je n'en avais jamais ressenti. Et j'ai éclaté en sanglots. Des sanglots d'émotion, de joie, de gratitude. » Marie me dit que Folco est plus qu'un amant pour elle. Il est l'homme grâce à qui, et par qui, ils explorent tous les deux le mystère des corps qui s'aiment, le mystère de l'amour qui fait éclater quelque chose de rigide et de dur en soi, qui oblige à laisser entrer la lumière.

« Après l'amour. C'est le moment que je préfère, continue Marie. Quand nos corps ne sont pas encore séparés. Quand pendant quelques secondes ils ne se distinguent plus. Folco appelle cela "notre corps". Avant, quand nous faisons l'amour, nos corps se distinguent. Il est force pénétrante, et moi je suis une vallée qui l'accueille, qu'il laboure, qu'il fauche. Il creuse et je me creuse. Nos corps travaillent à la jouissance. Et puis dans l'orgasme, ce plomb brûlant du désir se volatilise. Nous connaissons un allègement, une légèreté d'une espèce toute nouvelle. Je me souviens avoir lu quelque part que c'est après l'amour que commence l'amour. C'est après l'amour d'ailleurs, que nous les femmes, nous savons si l'homme qui nous a fait l'amour nous aime. Il y a ceux qui s'endorment, ou ceux qui s'échappent aussitôt dans leurs soucis. Ils abîment l'amour et ne se rendent pas compte du mal qu'ils font. »

Marie et son « ange viril », comme elle aime l'appeler, me dit-elle, parce qu'il y a un côté incarné/désincarné dans leur rencontre, marchent donc comme des équilibristes sur un fil. Marie a décidé d'aimer leur « amour secret » et de le protéger, comme elle peut. Il fait partie d'eux.

« Notre lien est très profond, comme si nous savions l'essentiel de l'autre. Nous avançons, je crois, avec confiance. »

En écoutant Marie, je me dis que ces deux-là vivent l'éthique du secret dont parle Misrahi. C'est exigeant mais c'est possible, et bien des hommes et des femmes de qualité y parviennent. Même si cela demande parfois toute une vie pour y arriver. Cela suppose un degré d'évolution et de réflexion élevé, loin de tout désir de possession ou de captation de l'autre.

Folco et Marie acceptent l'un et l'autre de vivre leur amour à l'abri des provocations et des jalousies, pour ne pas générer de souffrance autour d'eux. Et c'est possible parce qu'ils s'aiment, parce qu'ils se donnent sans réserve à l'autre dans le temps où ils sont ensemble. L'existence de la compagne de Folco n'enlève rien à la jouissance qu'ils éprouvent l'un par l'autre. Il n'y a pas lieu de comparer car ce que chacune représente pour Folco constitue un monde singulier et unique.

Ils sont bien dans l'éthique de la jouissance et de la responsabilité promue par Misrahi. Et c'est pourquoi cet amour qui s'épanouit dans leur « jardin secret » est perçu par Marie comme une « haute forme de l'amour ». S'ils éprouvent l'un et l'autre une forme de manque, c'est une souffrance consentie qui, loin de les éloigner, les rapproche. C'est pourquoi Marie pense avec confiance que cet amour discret pourra durer long-temps.

La recherche d'une nouvelle harmonie

Laissez-moi vous présenter Philippe. C'est un homme de 68 ans, avec une belle carrière d'éditeur, père de plusieurs enfants adultes qu'il a eus avec Sophie, de dix ans plus jeune que lui. Il se présente d'emblée comme un homme qui a toujours aimé faire l'amour, et chez lequel le désir de séduire sa femme n'a pas faibli au fil des années. Il aime toujours autant sentir monter en lui le désir d'elle. Un couple de jeunes sexagénaires désirants, donc, jusqu'au jour où, passé la soixantaine, il s'est senti moins ardent, inquiet de voir s'installer une forme de lassitude. Sophie, sa femme, qui exerce par ailleurs comme médecin, avait entendu parler d'une approche sexuelle peu connue, venue du fond de l'Inde, le tantra[1] et que des thérapeutes enseignent aux couples désireux de « passer à un autre stade », de trouver « une nouvelle harmonie entre eux ». Il a accepté, surtout par curiosité, et ils ont découvert ensemble cette approche érotique différente. Différente tout du moins de celle qu'ils avaient pratiquée ensemble. Ils n'ont pas été déçus. Mieux encore, Philippe m'affirme que leur manière de faire l'amour a changé et qu'il est émerveillé de ce qu'il a découvert.

Curieuse, moi aussi, je le questionne. Qu'est-ce que c'est que le tantra ? Comment s'est passée cette formation ? Qu'en a-t-il retiré ?

J'apprends alors qu'il s'agit d'une approche très ancienne, venue de la vallée de l'Indus, il y a cinq mille ans. Hommes et femmes faisaient alors l'amour non pas uniquement pour procréer, mais pour atteindre une forme d'extase, presque mystique. Ils faisaient l'amour très lentement, s'arrêtant souvent, reprenant, alliant l'échange de leurs souffles et de leurs peaux, faisant monter l'énergie sexuelle, la kundalini, le long de la colonne vertébrale, jusqu'au sommet du crâne. Le but était l'union au divin, l'extase mystique, et la sexualité qu'ils pratiquaient était plus vibratoire et sensuelle que génitale.

---

1. Le tantra, pratique sacrée de la sexualité. Dans la philosophie tantrique, c'est le chemin qui mène à l'orgasme qui importe plus que l'orgasme en lui-même. Ainsi, on ne fait pas l'amour pour parvenir au coït mais pour tout le plaisir et la relaxation qui proviennent de l'union et de la fusion du couple et de l'alchimie qui s'en dégage. Le rapport sexuel inspiré du tantrisme tend à repousser le moment de l'orgasme pour profiter au maximum de la fusion du couple.

Sur la formation elle-même, Philippe est resté très discret, arguant de la confidentialité qui lui avait été demandée en s'engageant à la faire. J'ai su seulement que les techniques et les exercices étaient enseignés en groupe, mais que chaque couple pratiquait seul dans sa chambre. Il n'y avait aucun passage à l'acte sexuel sur le lieu du stage, et cette éthique était respectée et garantie par un couple d'animateurs très professionnels et compétents.

Intriguée, je lui demande si de tels stages en groupe ne frôlent pas la pornographie et tout simplement l'échangisme. Rien de tel, me dit-il. Le tantra est une approche sacrée et spirituelle de la sexualité. On découvre des techniques de respiration et de visualisation qui aident à prendre conscience de la montée de l'énergie sexuelle dans son corps. Tout participant peut d'ailleurs refuser de prendre part à un rituel ou à un exercice. L'enseignement du tantra est fondé sur le respect de chacun.

Qu'a-t-il découvert ? Alors qu'il s'inquiète, comme tous les hommes de son âge, du devenir de sa sexualité, conscient du vieillissement sexuel de son corps, Philippe est revenu de ce stage apaisé.

Il a découvert que la sexualité n'est pas seulement génitale mais vibratoire, que l'on peut éprouver une jouissance infinie et même un orgasme énergétique sans érection. « C'est infiniment libérant pour un homme », me dit-il. « En vieillissant, n'est-ce pas, on bande moins, moins fort, moins longtemps, le tantra n'a pas amélioré cet aspect, mais j'ai découvert autre chose. Il n'y a pas que bander qui compte dans la vie ! Je me suis rendu compte, en particulier, que je pouvais désirer Sophie sans que ce soit seulement sexuel. Je désire sa présence, son contact, être avec elle, toucher sa peau, être touché par elle, mais nous ne sommes plus obsédés par l'acte sexuel. »

Finalement cette découverte a renforcé son couple, alors que certains, au contraire, se séparent à l'occasion d'un stage de tantra. C'est que cette dimension de la sexualité confronte à quelque chose d'autre : aime-t-on son mari, sa femme, son compagnon, sa compagne ? Est-on bien avec lui ou avec elle, aime-t-on sa présence ? Des couples se séparent, d'autres se forment. Et ces nouveaux couples partent alors sur une base beaucoup plus authentique et solide. Car le tantra peut se pratiquer toute la vie, même à 80 ans, et cette perspective est une bonne nouvelle.

D'autres voies érotiques

> « Je commence à comprendre leurs cultes
> érotiques, cette assimilation de l'homme qui
> arrive à se confondre, jusqu'aux sensations,
> avec la femme qu'il prend, à s'imaginer elle
> sans cesser d'être lui-même. »
>
> ANDRÉ MALRAUX, *La Voie royale*

Faire l'amour lentement

Les hommes et les femmes qui ont participé à mon enquête me l'ont affirmé : leur sexualité a changé. Elle est devenue plus sensuelle, plus tendre et plus lente. Elle est devenue « autre ».

Je ne suis pas en train de dire que les jeunes n'explorent pas cette voie très à la mode du *slow sex*, je dis que les seniors l'adoptent par la force des choses.

Chez l'homme vieillissant, qui continue à désirer et à faire l'amour, on constate une véritable révolution de son rapport à son sexe. Il a compris ce que les sexologues et les femmes elles-mêmes ne cessent de répéter : la taille du pénis n'a pratiquement pas d'importance !

Il a pris suffisamment de distance, non sans humour, avec l'image de l'homme hyperviril qui hante l'esprit de tant d'hommes et avec la tentation de recourir à la petite pilule bleue, censée lui donner un sexe d'acier, n'importe où, n'importe quand !

Les seniors sont donc invités à renoncer à la performance. Ils ne recherchent plus l'orgasme à tout prix. Ils ont découvert d'ailleurs qu'en *laissant faire* leur corps, en cessant d'être obnubilé par l'érection, ou la quête d'un point culminant à leur plaisir, ils deviennent beaucoup plus présents à la rencontre intime avec l'autre. Au fond, on pourrait dire qu'ils font beaucoup plus l'amour en conscience.

Quantité de livres, presque tous anglo-saxons, sont sortis ces derniers temps pour célébrer le *slow sex*. Ils disent tous à peu près la même chose. Il faut sortir du « plus vite, plus fort » pour explorer autre chose : une sexualité lente qu'en d'autres temps et ailleurs, en Chine, en Inde, on a très bien su mettre en valeur.

Quels sont les ressorts de cette nouvelle sexualité, inspirée de l'Orient ?

Il s'agit de prendre son temps et d'oublier la destination. C'est le voyage érotique qui compte, pas l'aboutissement. Et ce voyage est un voyage sensuel. La peau est équipée de capteurs sensoriels multiples. Pourquoi ne pas prendre le temps d'éveiller lentement toutes les zones érogènes du corps, de les caresser de toutes les manières possibles ? Si ce voyage se fait en pleine conscience, si l'on est tout à fait présent à ce que l'on sent, alors on est aussi tout à fait présent à l'autre, et on peut atteindre un sentiment de communion érotique rare.

Femmes tantriques

Après ma conversation avec Philippe, très intriguée par ce qu'il m'avait dit de son stage de tantra, j'ai décidé d'aller voir moi-même de quoi il s'agissait. J'aurais pu me contenter de lire des livres, mais je me suis dit que le mieux était d'en faire l'expérience. Je me suis donc inscrite à un stage intitulé « femme tantrique », dont je vais tenter de vous raconter l'essentiel[1]. J'ai choisi ce stage destiné aux femmes, car je redoutais pour une première expérience de me retrouver seule dans un groupe mixte, et je voulais avant tout comprendre les arcanes du tantra.

Le lieu est envoûtant. Au pied du pic Saint-Loup, dans les Cévennes, le Hameau de l'Étoile accueille des séminaires de développement personnel dans un cadre bucolique et calme. J'ai pris l'avion ce matin, loué une voiture et suis arrivée par un soleil bienfaisant. On m'a logée dans une « cassine », un chalet en bois très confortable au milieu des arbres. J'éprouve une appréhension certaine, car sans savoir encore ce à quoi je vais être confrontée, je sais qu'il s'agit d'une aventure intime.

Je me suis demandé en arrivant ce qui motivait ces quarante femmes, âgées de 25 à 68 ans, à venir faire un tel stage. Je me suis rendu compte qu'il y avait de tout. Des femmes mal dans leur peau et que je trouvais bien courageuses de venir se fourrer dans un tel guêpier. Des

---

1. Stage animé par Marisa Ortolan, www.horizon-tantra.com.

femmes insatisfaites, frigides, qu'un sexologue avait envoyées là, dans une sorte d'intuition géniale. Des femmes qui avaient déjà commencé un « travail tantrique » et qui souhaitaient le poursuivre, des femmes en échec amoureux, décidées à se confronter à leurs propres responsabilités. Et chez les plus âgées, le désir d'accéder à un autre niveau de sexualité, plus spirituelle, plus méditative. Mais pour la plupart il y avait une immense curiosité, un désir incroyable d'expérimentation sexuelle. Elles voulaient partir à la découverte de nouveaux territoires de leur sexualité. N'étais-je pas moi-même poussée par la curiosité ? Et si j'estime avoir eu une vie amoureuse et érotique plutôt épanouie, n'avais-je pas à explorer de « nouveaux territoires », et à m'ouvrir à des sensations nouvelles, n'avais-je pas à mieux connaître, moi aussi à l'âge que j'ai, mon potentiel érotique, à m'ouvrir à des émotions nouvelles ?

L'objectif du stage est clairement d'aider les femmes à se départir des normes qui les stressent et exercent une pression sur elles. Avoir une vie sexuelle épanouie fait partie désormais de la réussite personnelle : « Jouissez le plus possible et vous serez heureuses ! »

Les femmes se demandent « Suis-je normale si je n'ai pas d'orgasme ou si j'ai des fantasmes ? ». La sexualité est souvent vécue comme une chose compliquée, et toute bonne raison de ne pas « faire l'amour » est bonne à prendre, la fatigue, les enfants, les grossesses... En même temps, les femmes sentent bien qu'il leur manque quelque chose. Il y a de fait une immense frustration. Beaucoup de femmes sont en perte de repères : doit-on se fier à son ressenti, ou à ce que disent les enquêtes ou les articles de magazines féminins ?

La première norme dont il faut se débarrasser, c'est celle de l'orgasme obligatoire. J'apprends alors que seulement un tiers des femmes ont des orgasmes régulièrement. Cela veut-il dire que les deux tiers restants ne jouissent pas ?

Tout le voyage tantrique que nous allons faire pendant quatre jours a pour but de nous aider à mieux sentir nos corps. Au diable la performance, au diable le baromètre de l'orgasme !

Quelle étrange expérience pour moi que de me retrouver dans cette grande salle, baptisée « Le temple des femmes », avec une quarantaine de femmes, toutes plus jeunes que moi, venues percer les mystères du tantrisme !

Assises en cercle dans le temple des femmes décoré de représentations de shaktis et de Shiva[1] et de voiles de couleurs vives, le tout d'assez mauvais goût je dois dire, nous avons été invitées à nous présenter en donnant notre prénom et notre orientation sexuelle. À part deux ou trois « bisexuelles », la plupart des femmes se sont présentées comme « hétérosexuelles ». Lorsque cela a été mon tour, j'ai simplement dit « j'aime faire l'amour avec un homme ».

J'ai appris qu'il y avait deux voies tantriques. Une voie du lâcher prise où l'on s'abandonne à son sexe, et une voie où l'on cherche à atteindre l'extase par paliers, en faisant monter l'énergie sexuelle, la kundalini, de

---

1. La femme est appelée Shakti et l'homme Shiva.

chakra en chakra[1] par des exercices de visualisation et de respiration.

On nous promet donc un beau voyage dans la féminitude et les secrets du corps féminin.

Il m'a fallu surmonter ma pudeur lorsque au cours d'une danse endiablée, j'ai vu « mes sœurs » se dévêtir les unes après les autres. J'ai beau être assez à l'aise dans mon corps, prendre la décision d'enlever mes vêtements devant toutes ces femmes n'a pas été facile.

Mais finalement, je me suis rendu compte que ça me libérait. Nous étions toutes là, en cercle, les grosses, les maigres, celles au sexe très fourni, celles qui étaient presque imberbes, celles qui étaient visiblement mal à l'aise, celles qui ne l'étaient pas. Tout compte fait, nous avons beaucoup ri et cette nudité partagée nous a rapprochées. J'ai eu l'impression de participer à un rituel archaïque, un mystère des temps anciens.

Toute une partie du stage offre la possibilité aux femmes d'explorer ce qui bloque l'accès à une sexualité épanouie. Je me suis un peu ennuyée, parce que cette exploration psychologique m'est familière depuis longtemps. Mais j'ai admiré le tact et le professionnalisme avec lesquels l'animatrice a conduit les échanges. Tout y est passé, le poids intergénérationnel des représentations de la sexualité, le poids des blessures d'enfance, des viols, des abus, le manque de respect de l'homme, une vision trop idéalisée de l'amour.

---

1. Dans le yoga sexuel, les chakras sont des centres d'énergie situés tout le long de la colonne vertébrale. Le premier chakra correspond au coccyx, le deuxième au sexe, le troisième au plexus solaire, le quatrième au cœur, le cinquième à la gorge, le sixième au troisième œil entre les sourcils, le septième au sommet du crâne.

Une autre partie du stage a été consacrée à l'exploration intime et douce de son corps et de son sexe, car plus on se connaît, plus on sait qui on est quand on se livre à l'autre. « Dans l'édification de sa féminité et de son épanouissement sexuel, la façon dont on vit son sexe est importante. Il ne s'agit pas simplement de savoir qu'il est là et où il se situe, mais de le connaître, de l'investiguer, de le découvrir, de le regarder, de l'admirer, de l'accueillir[1]. » Un certain nombre de rituels très intimes nous ont été proposés, mais dans un cadre très maîtrisé, et dans un grand respect de chacune.

Il a été beaucoup question d'abandon, de lâcher prise, d'apprentissage de la communication des univers intimes, de laisser faire les sexes. C'est ce dernier point qui est incontestablement le plus difficile. C'est souvent parce qu'une femme est trop dans le contrôle qu'elle ne sait pas prendre le « virage orgasmique », expression qui signifie bien ce point où la femme sent qu'elle est presque au sommet, mais ça retombe.

À table, lors d'un des repas que nous prenions dehors sous les arbres, je me suis trouvée assise à côté d'une femme plus jeune que moi qui avait une grande expérience du tantrisme. J'ai compris alors quel était le cœur de ce yoga sexuel qu'on appelle le tantra. « La recherche de l'excitation sexuelle empêche d'avoir accès à une énergie très subtile, un plaisir inouï qui arrive seulement quand on renonce à l'atteindre. »

La même jeune femme me dit : « Les hommes croient qu'ils doivent maintenir la pression sur leur sexe par un va-et-vient incessant pour rester en érection.

---

1. Alain Héril, *op. cit.*, p. 148.

Ils se trompent. Ils n'arrivent pas à croire qu'ils peuvent continuer à bander même s'ils se détendent. Ils n'y croient pas. En fait, le sexe bande tout seul s'il est aspiré par une femme qui le désire. Son sexe est alors comme un aimant. Elle attire l'homme en elle, et si elle est dans cet état érotique d'aimantation, il suffit que l'homme la pénètre très doucement et très lentement pour que l'étincelle de la jouissance se produise. »

Nous avons donc alterné pendant quatre jours les méditations permettant de faire monter l'énergie très langoureusement, très sensuellement, toujours avec ce mouvement du bassin qui accompagne le souffle, les contractions du périnée qu'il faut absolument maîtriser, et les visualisations.

Nous avons pratiqué la « respiration inversée » et la « vague », dans une position que l'on voit sur toutes les images qui illustrent la pratique du tantra, et qui a hanté notre imaginaire post-soixante-huitard. Cette pratique où chacun des amants est assis face à l'autre en demi-lotus, et légèrement penché en avant, les jambes de l'un enserrant l'autre, de telle façon que les sexes soient en contact, crée une profonde intimité. Bouche contre bouche l'un des amants inspire lentement tandis que l'autre expire, chacun respirant l'air de l'autre. Au bout de quelques minutes les souffles se synchronisent naturellement et on peut imaginer que son souffle descend jusque dans le sexe de l'autre et que celui-ci laisse le souffle de l'autre le pénétrer. C'est extrêmement érotique.

Chacune de ces expériences était suivie d'un temps de parole, bien nécessaire à vrai dire. Je suis sortie de ce stage avec une immense tendresse pour la tribu des femmes, et je suis convaincue que toute jeune femme aurait tout intérêt à s'initier au yoga sexuel, si elle veut accéder à une sexualité mature, épanouie. Elle se connaîtra mieux et pourra alors guider son amant, et cela tout au long de la vie, et des aléas des transformations du corps.

À quelques centaines de mètres de là, quarante hommes s'initiaient eux aussi à une sexualité plus consciente[1]. À croiser de temps à autre leurs visages rayonnants et ouverts, je me suis dit qu'à eux aussi, cela semblait faire beaucoup de bien.

Les sexes savent faire l'amour

Revenue de cette expérience, je me suis plongée dans quelques livres que l'on m'avait recommandés.

Un des premiers livres que j'ai lus c'est celui de Barry Long[2], un maître tantrique australien qui s'inscrit dans la lignée de ceux qui prônent la sexualité comme une des voies d'accès au divin. Une fois dépassé le ton légèrement prétentieux de l'auteur qui traite ses contemporains comme des matérialistes primaires de l'amour, j'ai pu glaner quelques idées fortes. Les sexes savent faire l'amour, affirme Barry, il suffit de les laisser faire, de ne rien leur imposer d'appris ou de convenu. Ils s'aimantent et les amants n'ont qu'une chose à faire, habiter consciemment la partie du corps où ils éprouvent du plaisir.

---

1. Sous la houlette de l'animateur Jacques Lucas, www.horizon-tantra.com.
2. Barry Long, *Faire l'amour de manière divine*, Pocket, 2011.

Il s'agit d'être présent à ce qui se passe. Les scènes ou les images venues d'ailleurs, du passé, les fantasmes de toutes sortes empêchent cette présence à ce qui se joue entre deux sexes imbriqués l'un dans l'autre. La femme ne doit rien faire de ce qu'elle a appris avec d'autres amants ou acquis par la lecture ou la vision de films. Les amants doivent faire l'amour comme si c'était la première fois.

L'amour se fait très lentement, très doucement et d'une manière aimante. Chacun des amants étant à l'écoute de son sexe et du sexe de l'autre. Une communion qui n'a rien à voir avec ce que Barry Long fustige comme le sexe consommatoire, où chacun « court après l'orgasme » de manière frénétique.

En lisant ce livre, je pense à tous ces seniors qui cherchent une nouvelle sexualité.

Et si l'homme n'a plus d'érection, ou si celle-ci n'est pas complète ? « Il peut être aidé à entrer dans le vagin de sa partenaire, précise Barry Long. Introduisez le pénis souple dans le vagin. Attendez patiemment[1], préconise l'auteur. S'il y a suffisamment d'amour entre eux, celui-ci sera suffisamment en érection pour entrer en elle. Ou bien l'homme s'allongera contre elle, jusqu'à ce que l'amour circule. Le pénis ne peut être traité à la hâte ou forcé. Une fois à l'intérieur, le pénis se gonflera ou aura une érection complète. »

L'orgasme fait partie de l'acte d'amour, mais il vient quand il vient et s'il vient, c'est de lui-même, sans qu'on le veuille, sans qu'on le fasse venir. « Ce n'est

---

1. *Ibid.*, p. 58.

pas le but recherché[1] ». Ce qui est recherché c'est le plaisir inouï des sexes en contact étroit que l'on laisse agir à leur guise. Alors, faire l'amour n'a pas de fin.

Je repense à ces couples qui m'ont dit faire l'amour pendant des heures, encore et encore, sans se lasser, « jusqu'à ce que finalement, peut-être des heures après, l'homme éjacule naturellement et consciemment. Ou alors ils s'éloignent et refont l'amour quelques heures plus tard[2] ».

Et Barry Long de conclure : « Votre corps ne doit pas apprendre comment faire l'amour. Il fait l'amour naturellement, si la chance lui est donnée. Mais votre attachement aux expériences passées barre la route[3]. » Tout ce que les amants doivent faire, c'est être psychologiquement et spirituellement présents au cours de l'acte d'amour, en devenant conscients. « Faites l'amour pour l'amour, non pour vous-même[4] », conclut-il.

Cette sexualité-là, dans laquelle les amants sont « ensemble, présents à l'acte d'amour[5] », est sacrée. La yoni et le lingam[6] sont alors devenus des « organes spirituels ».

---

1. *Ibid.*, p. 98.
2. *Ibid.*, p. 96.
3. *Ibid.*, p. 101.
4. *Ibid.*, p. 103.
5. *Ibid.*, p. 104.
6. Mots sanscrits pour la vulve et le pénis.

Des retraites érotiques

Nous assistons aujourd'hui à un phénomène nouveau, venu de Californie. Les « retraites érotiques », séminaires généralement inspirés du tantra ou du taoïsme, arrivent en Europe[1]. Les couples en difficulté y sont guidés dans un nouvel art d'aimer, invités à « laisser faire », à renoncer à atteindre un but, à attendre quelque chose. Une attitude qui ne va pas de soi dans le monde moderne, où nous cherchons tous à tout contrôler et maîtriser. Pour un couple qui désire durer et vieillir ensemble, lâcher prise dans le contact et ne pas rechercher à tout prix l'excitation ou le paroxysme semble mettre à l'aise beaucoup de femmes et aussi certains hommes.

Dans un livre que j'ai beaucoup aimé, *Laisser faire l'amour, un chemin surprenant vers la lenteur sexuelle*[2], Stephen Vasey invite les couples à sortir des sentiers battus, et à décider de passer un moment intime ensemble, en s'embrassant, se caressant, mais en se donnant comme consigne de ne pas faire d'efforts pour arriver à l'orgasme. En laissant la porte ouverte à l'inconnu, on a des surprises. On découvre des sensations et des plaisirs nouveaux. L'expérience est surprenante, dit-il. Et si finalement on est emporté vers l'orgasme, que l'on n'a pas cherché, c'est tant mieux, et il est souvent bien plus fort.

---

1. Stephen Vesey à Lausanne, Diana Richardson, Anne et François Descombes en Suisse, « The making love retreat », info@livinglove.com et www.retraitepourcouples.ch.
2. Stephen Vasey, *Laisser faire l'amour*, Éditions Love of the path, 2013.

Ce temps érotique long peut aussi s'installer comme un rituel avec toute une ambiance, des bougies, de l'encens, de la musique langoureuse. Il peut être ponctué de pauses : on prend un bain ou une douche ensemble, on danse nus, on déguste un verre de champagne, on échange un massage. On découvre les trésors de sensibilité qui se nichent « dans nos creux, nos plis, dans nos recoins, autour et dans nos orifices ».

Et si la clé d'une sexualité épanouie était d'en faire moins ? Stephen Vasey raconte ce qu'il a éprouvé alors que sa compagne était allongée sur lui, après l'amour. « Je recevais tout son poids et c'était bon. Nus, confortables, amoureux, il n'y avait rien à faire, nulle part où aller, simplement se relaxer ensemble dans les braises, après le feu de joie qui venait d'avoir lieu. Dans ce moment de communion, je ressentais dans mon corps un accueil sans limites. Nos respirations se rencontraient parfois à l'unisson, parfois en syncope, parfois en décalé... C'était harmonieux, immense, océanique. »

Le voyage de Tirésias

Une sexualité épanouie, en prenant de l'âge, comme l'a fait remarquer mon ami sexologue François Parpaix, demande une sorte d'inversion des énergies : les femmes doivent être plus yang, prendre plus d'initiatives érotiques, les hommes doivent accepter leur face yin, apprendre à être réceptifs, à *laisser faire*.

Féminin, masculin, nous savons aujourd'hui que nous sommes les deux. Comment permuter les rôles et

155

apprendre à jouer avec ces deux qualités ? « Par moments, je me laisse faire dans la rencontre, à d'autres moments c'est moi qui initie le mouvement, qui propose, qui surprend, qui emmène mon partenaire dans une (petite) aventure », écrit Stephen Vasey.

Le reproche qui est souvent fait au tantra, c'est qu'il fait la part trop belle au féminin. C'est vrai. Mais dans un monde érotique où les valeurs sont encore du côté du masculin, avec l'importance accordée à des valeurs yang – performance, efficacité, initiative –, essayer d'injecter un peu de féminin, de yin – réceptivité, attente, accueil –, n'est-ce pas nécessaire quand on cherche l'harmonie dans le couple ?

Mais beaucoup d'hommes résistent à cette mutation. Aussi, lorsqu'ils se sentent moins virils en vieillissant, préfèrent-ils renoncer à l'amour plutôt que d'explorer autre chose. Cette « autre chose », Jacques Ferber[1], l'auteur de *L'Amant tantrique*, sait bien en parler, parce qu'il n'a pas eu peur de sortir des sentiers battus.

Pour aider les hommes à être de meilleurs amants, il leur propose de se mettre par l'imagination dans la peau d'une femme. Il appelle cela « le voyage de Tirésias[2] ». Il invite l'homme à s'allonger sur le dos, détendu, et l'emmène dans un voyage à l'intérieur du corps d'une femme. Il prend bien soin de rassurer l'homme. Il ne s'agit pas pour lui de devenir femme, ni de devenir

---

1. Jacques Ferber, *L'Amant tantrique*, Le Souffle d'or, 2007.
2. Tirésias, dans la mythologie grecque, est un prophète qui fut transformé en femme pendant sept ans, avant de redevenir homme. Dans un conflit qui opposa Zeus à Héra pour savoir qui de l'homme ou de la femme avait le plus de plaisir, Tirésias trancha en indiquant que les femmes avaient neuf fois plus de plaisir que les hommes.

homosexuel, mais d'éprouver en pensée ce qu'une femme éprouve dans son corps.

Le voyage commence par une description très détaillée des régions cachées du sexe féminin, « l'ouverture fragile et douce, bordée de lèvres légères et sensibles, [...] la chaleur humide et la profondeur de la grotte », puis Jacques Ferber invite l'homme à imaginer ce désir impérieux d'être pénétré, comblé, rempli, mais pas d'une manière rapide ni brutale. Non, sentir ce besoin paradoxal d'une force tendre, qui pénètre très doucement et lentement. Puis sentir l'ouverture du cœur tandis que la grotte s'ouvre, accueille, s'abandonne avec délice au va-et-vient du sexe qui est en elle. Des vibrations profondes montent en toi. Ton corps a perdu ses dimensions habituelles, il est dilaté, vaste. Le temps n'existe plus, l'espace non plus ».

Jacques sait que cet exercice est difficile, parce qu'il faut oser entrer dans ce que ressent une femme. Mais il sait que lorsque l'homme fait une place au féminin en lui, il est beaucoup plus à l'écoute de la femme, meilleur amant. Il sait qu'il n'a pas besoin d'être un héros phallique pour combler une femme. Il lui suffit d'être présent, dans ses reins et, s'il ne peut pas la pénétrer, de laisser son sexe tel qu'il est à l'entrée de ce que les taoïstes appellent « la porte précieuse ». La femme se débrouille en fait de tout ce qui est « pénétrant » chez l'homme, sa voix, ses mots d'amour, son regard, ses doigts, bref sa présence.

« La femme n'a qu'une chose à faire, accueillir, et s'abandonner. Tout se passe à l'intérieur d'elle. Il s'agit juste pour elle de s'ouvrir, de s'ouvrir, de s'ouvrir... Et si l'homme est bien présent, elle part dans des espaces de grande profondeur, dans un voyage qui lui appartient[1]. » Les deux énergies dansent ensemble, sans plus savoir qui est homme ou femme, chacun absorbant l'énergie de l'autre, le yin de la femme et le yang de l'homme. On peut rester ainsi très longtemps sur « le plateau du plaisir », s'y prélasser, s'y régénérer. « Et si l'orgasme arrive, on chevauche la vague comme en surf. »

L'homme ressent l'orgasme féminin comme si c'était le sien. C'est une expérience mystique bouleversante pour lui que de « ressentir ce raz de marée qui vous envahit et remonte toute l'échelle des chakras, du plus primitif au plus spirituel, dans un orgasme aérien et lumineux[2] ».

L'orgasme ainsi décrit n'est pas explosif mais implosif. Il se diffuse à l'intérieur, dans tout le corps.

L'union immobile

Dans un ouvrage précédent[3], j'avais évoqué la relation sexuelle d'un homme de 80 ans et d'une femme de 70 ans qui pratiquaient « le tao de l'art d'aimer[4] », une voie spirituelle chinoise préconisant de jouir pleinement des joies terrestres et célestes, et par conséquent

---

1. Jacques Ferber, *op. cit.*, p. 117.
2. Cité par Michèle Larue dans *Osez... le sexe tantrique*, La Musardine, 2012, p. 141.
3. *La chaleur du cœur empêche nos corps de rouiller*, *op. cit.*
4. Jolan Chang, *Le Tao de l'art d'aimer*, Calmann-Lévy, 1994. « Un ouvrage que tout homme découvre toujours trop tard et qui devrait être glissé sur la table de nuit des jeunes adolescents, afin de découvrir la sexualité sous un jour moins angoissant », dit Cyril Javary.

de continuer à faire l'amour, même âgé. Car faire l'amour nourrit le vivre.

Il faut comprendre que la longévité est une valeur suprême pour les Chinois. Quand on parvient à rester en bonne santé, la vieillesse est l'âge le plus heureux de la vie. Cette longévité heureuse ne peut se passer de la mise en contact des énergies yin et yang de l'homme et de la femme. Je me souviens de ce vieil homme qui n'avait quasiment plus d'érection mais qui faisait tous les jours l'amour à sa femme. Ils se prenaient dans les bras l'un de l'autre, nus, plaçaient leur attention sur leurs sexes respectifs, goûtaient la douceur et le trouble de ce contact pendant de longues minutes, conscients qu'ils puisaient dans l'énergie de l'autre ce dont ils avaient besoin pour se sentir entiers, en harmonie, paisibles, heureux de vivre. Le plaisir qu'il ressentait n'était pas de l'ordre d'une explosion violente, mais d'un relâchement délicieux. Il avait d'ailleurs appris à dissocier la jouissance de l'éjaculation, comprenant que cette dernière (la « petite mort » en Occident) est infiniment moins voluptueuse que la sensation de communion cosmique que la rétention de l'éjaculation permet d'approcher. Car, effectivement, ce qu'il éprouvait était un apaisement, une communion voluptueuse, sensuelle et prolongée dans quelque chose de plus vaste que soi.

La pratique du tao de l'art d'aimer est en effet une pratique sensuelle, qui convient parfaitement à un couple vieillissant.

Car le tao n'a pas de mot pour désigner l'impuissance. Les Chinois des temps anciens n'y voyaient pas un problème important. L'absence d'érection n'empêche pas l'homme âgé d'établir cette communion du yin et du yang. Il existe bien des façons de donner du plaisir et d'en recevoir. Si tous les hommes vieillissants, plongés dans des « abîmes de tristesse », pour reprendre l'expression de Simone de Beauvoir, connaissaient cet art d'aimer, ils sauraient que l'homme peut pénétrer sa partenaire sans être en érection.

Encore faut-il qu'ils connaissent les techniques de « pénétration non rigide », quelque chose qui « tient du prodige » : l'étroit contact d'un pénis et d'un vagin en l'absence d'érection initiale[1]. Le couple doit d'abord apprendre à respirer longuement et profondément afin d'être détendu. Il doit ensuite s'ouvrir, aiguiser ses sens, et ne pas chercher à atteindre quoi que ce soit. Dans le *Su Nu Ching*, un vieux manuel érotique du XIXᵉ siècle[2], il est écrit que l'un des deux peut bouger son bassin de temps en temps, dans un rythme lent, pour raviver la connexion de *la tige de jade* et de *la porte précieuse* et ainsi accroître les sensations. Cet échange intime des énergies crée un lien profond et nourrissant. Ce manuel d'art érotique recommande de rester dans cet état aussi longtemps qu'on le désire, mais au moins un quart d'heure, presque sans bouger.

On peut ainsi faire l'amour en bougeant très peu et très lentement, avec des moments d'arrêt assez longs où l'on se contente de sentir, d'être témoin de son propre plaisir, en communion avec l'autre. Si un orgasme vient, tant mieux, mais ce n'est pas le but recherché, et cette

---

1. Jolan Chang, *op. cit.*, p. 145.
2. *Su Nu Ching*, *Arts de la chambre à coucher*, cité par Michèle Larue dans *Osez... le sexe tantrique*, *op. cit.*

absence d'objectif libère profondément. Je me souviens que ce couple m'avait confié qu'ils n'échangeraient pour rien au monde le plaisir qu'ils éprouvaient en pratiquant de cette manière. « Ce type de pénétration a son charme », m'avait confié la femme, me rappelant que la satisfaction sexuelle d'une femme n'a pas grand-chose à voir avec la taille du pénis. C'est bien ce que disait Sou-Nu, la préceptrice de l'empereur Houang-Ti[1]. « Si l'homme assortit d'abord cette communion de son amour et de son respect pour la femme et s'il prend à cœur ce qu'il fait, que pourrait y changer une légère différence de taille ou de forme ? Un membre ferme et dur, que l'on introduit et retire avec rudesse, vaut moins qu'un membre faible et mou, qui se meut avec douceur et délicatesse. »

Même si les taoïstes insistent sur l'importance de la technique amoureuse, c'est surtout la recherche d'un accord et d'une sérénité réciproque qui importe. L'acte sexuel n'est pas un acte purement mécanique mais une expérience totale. Le développement sensoriel participe de cette sexualité harmonieuse, le toucher, mais aussi l'odorat, l'échange des souffles, le contact prolongé des corps, les caresses douces et lentes, des mots dits d'une voix tendre.

Le médecin chinois Soen estimait que lorsque les deux partenaires ont atteint un haut niveau de conscience, « ils peuvent s'unir profondément en restant immobiles de façon à ne pas troubler le *king* (la semence). Sur une durée de vingt-quatre heures, il leur

---

1. Rapporté par Jolan Chang, *op. cit.*, p. 146.

est possible de pratiquer cette sorte d'union des dizaines de fois. En agissant ainsi ils connaîtront la longévité[1] ».

Au moment où j'écris ce passage, me revient à l'esprit le récit que m'a fait, il y a quelques années, une femme de 60 ans qui avait eu, trente ans plus tôt et pendant six ans, une liaison avec un homme beaucoup plus âgé qu'elle et qu'elle admirait beaucoup pour ses dons d'orateur. Un soir, après l'une de ses conférences, elle l'a invité chez elle et ils ont fait l'amour. Il n'avait plus aucune érection. Au lieu de s'en émouvoir, la jeune femme s'est assise sur lui, sexe contre sexe. Ils sont restés ainsi, se parlant, se disant des mots d'amour, dans une intimité délicieuse. À sa grande surprise elle a senti très vite que ce contact si érotique entre eux faisait monter des vagues de jouissance en elle. Un jour, elle eut un des orgasmes les plus profonds qu'elle ait jamais connus. Et lui, malgré l'inertie apparente de son sexe semblait atteindre aussi des sommets d'extase. Cette relation étrange dura six ans.

Cette femme a aujourd'hui 70 ans. Elle me dit que faire l'amour avec un homme impuissant ne lui fait pas peur. Elle sait que cela peut être aussi bien sinon mieux, à condition que l'homme baisse la garde, s'abandonne et renonce aux images de sa sexualité passée. Cela peut être une aventure inouïe, me dit-elle. Et je sais, en l'écoutant, qu'elle a trouvé la vraie liberté érotique, et qu'elle est un cadeau pour l'homme avec qui elle fait l'amour.

---

1. *Ibid.*, p. 90.

D'autres voies érotiques

Les impératifs jeunistes ont la vie dure

Les Américains, fascinés par l'Orient, se sont approprié toutes ces techniques érotiques et la plupart des livres qui traitent du *slow sex* sont écrits aux États-Unis, et dévorés par les baby-boomers, désireux de rester jeunes, et donc désirants.

Les auteures, toutes des sexagénaires, témoignent du fait que leur sexualité n'a jamais été aussi épanouie[1]. Et ceci est confirmé par une étude américaine[2]. Elles cherchent donc à transmettre des clés à leurs congénères.

Même si elles ont intégré le message : pas de sexualité qui tienne après 60 ans sans amour, sans tendresse, et sans conscience, elles ont bien du mal à se dégager des impératifs jeunistes de leur génération.

Je suis tombée par hasard sur un livre publié en 2006 aux États-Unis traitant du sexe après 60 ans[3]. L'auteure, Joan Price, raconte qu'elle a mis une petite annonce dans un journal : « Cherche femmes sexy et culottées de plus de 60 ans, ayant une vie amoureuse et sexuelle heureuse et désireuses d'en témoigner ouvertement, dans un livre destiné aux femmes. L'anonymat sera préservé. » Son livre rapporte donc le vécu érotique de quelques femmes – on ne sait pas combien elle a reçu de réponses – mais laisse de côté évidemment toutes les femmes qui se sentent soulagées au contraire de ne plus

---

1. 70 % des femmes sexuellement actives après 60 ans disent qu'elles sont au moins autant sinon plus, satisfaites que lorsqu'elles avaient 40 ans.
2. Étude du National Council on the Aging conduite auprès de 1 300 Américaines âgées de plus de 60 ans.
3. Joan Price, *Better than I ever expected*, Seal press, 2005.

avoir de vie sexuelle. Elles seraient environ 80 %, dit-elle.

D'emblée, Joan se pose la question : « Qu'est-ce qui fait que faire l'amour après 60 ans est si bien ? Bien mieux que ce à quoi on peut s'attendre ? » Alors même qu'il y a un vieillissement des organes et un émoussement des sensations ? Elle reconnaît que l'épanouissement sexuel après 60 ans n'a pas grand-chose à voir avec le corps, mais beaucoup plus avec la tête, « la réponse sexuelle est dans notre cerveau plus que dans nos organes génitaux[1] », dit-elle. C'est le fait que les femmes se connaissent mieux, connaissent mieux leur corps et leur plaisir, savent mieux ce qu'elles veulent, qui fait la différence. Elles sont aussi plus sages, et si elles sont seules dans la vie, elles choisissent mieux leur partenaire, cherchent des hommes mûrs, ayant une vie spirituelle. Elles ont davantage le sens de l'intimité, et surtout elles ne sont plus encombrées par les enfants !

Joan Price fait bien la différence entre « besoin physiologique » et « désir ». « Je suis merveilleusement épanouie sur le plan sexuel, écrit-elle, parce que j'aime et désire mon partenaire. J'aime la personne qu'il est. J'aime notre intimité[2]. » Elle affirme que lorsqu'on est plus vieux, la sexualité gagne en « spiritualité ».

Jusque-là, je suis d'accord avec elle. Mais plus je progresse dans le livre et plus je me demande pourquoi, alors qu'elle a si bien identifié le fait que l'épanouissement sexuel, après 60 ans, est une question d'intimité

---

1. "Sexual response is in our brains more than our genitals", *ibid.*, p. 17.
2. Joan Price, *Ibid.*, p. 23.

dans la relation, elle tombe dans le piège jeuniste qui consiste à croire qu'il faut absolument être séduisante et atteindre l'orgasme, dans une quête quasi forcenée, pour être sexuellement épanouie. Plus j'avance dans la lecture de ce livre et plus je suis déçue. Les femmes doivent être sexy, minces, avoir des cuisses d'acier, des jambes de jeunette, grâce à l'aérobic, aux randonnées et à la danse, des visages sans rides. Elles doivent pratiquer tous les jours leurs exercices de Kegel[1] pour renforcer leur muscle pubo-coccygien, porter dans leur vagin un œuf de cristal pendant qu'elles se livrent à ces exercices. Bref, elles doivent *faire jeune*. C'est à ce prix qu'elles restent désirables, semble-t-il. Pour être heureuses sexuellement, elles doivent absolument atteindre l'orgasme. Et comme c'est plus compliqué d'en avoir, à cause de la baisse de la libido, et de la perte des sensations, elles doivent obligatoirement faire appel à des sex-toys pour une stimulation efficace. Toute une partie du livre est un véritable catalogue des objets érotiques et de tous les trucs susceptibles d'aider les femmes à jouir.

Pourquoi cet appel à la performance alors que toute la première partie du livre cherche à nous persuader que si « c'est tellement mieux après 60 ans », c'est parce que c'est d'abord une histoire d'abandon à l'autre et de construction d'un lien intime ?

---

1. Exercices de Kegel : exercices permettant de tonifier le périnée.

La méditation orgasmique

Version un peu particulière du *slow sex*, une de mes amies me rapporte des États-Unis le livre de Nicole Daedone[1] sur la méditation orgasmique (OM). Un terme inventé par cette belle Américaine pour désigner une pratique assez étrange, bien que très structurée, voire chronométrée, et qui permet, selon l'auteure, « à n'importe quel homme de conduire n'importe quelle femme à l'orgasme au bout de quinze minutes[2]. » Tandis que la femme est allongée sur le dos, et nue jusqu'à la taille, jambes écartées, l'homme caresse pendant 15 minutes le clitoris de la femme, très lentement et doucement. Il s'agit de passer du « plus vite/plus fort » au « plus lent/plus doux ». Cette pratique n'a rien à voir avec la masturbation, car il s'agit d'une méditation, au cours de laquelle le caressant et la caressée se débarrassent de toute attente et de tout fantasme pour être simplement présents, attentifs à ce qui se passe, à ce que chacun ressent. L'expression de cette sensation ressentie fait partie de la méditation, et de la relation.

Les témoignages nombreux publiés dans le livre semblent tous confirmer que cette pratique facilite des orgasmes plus intenses et plus profonds, améliore la qualité de l'intimité à l'intérieur du couple, procure un sentiment de plénitude, et donne de plus en plus envie de faire l'amour.

---

1. Nicole Daedone, *Slow sex, the Art and Craft of the Female Orgasm*, Grand Central Life & Style, New York, 2011.
2. *Ibid.*, p. 1.

D'autres voies érotiques

La « méditation orgasmique » est cependant considérée aux États-Unis comme une pratique réservée à un cercle d'initiés. Même si la philosophie de Daedone est perçue comme « un contrepoint rafraîchissant à la pornographie », on imagine difficilement l'Américain moyen se mettant à pratiquer ce type de méditation érotique. On imagine encore plus difficilement le senior français moyen se rendant à un stage de OM (méditation orgasmique) pratiquée en groupe, dans une absence totale d'intimité. On l'imagine mal se soumettant à un rituel chronométré, qui déjà en lui-même ôte tout charme et toute poésie à l'affaire.

Les amours de vieillesse

« Au bout d'un couloir que je ne connaissais pas, mon œil a été attiré par l'embrasure d'une porte. J'ai vu, comme un voyeur, un couple de personnes âgées s'embrasser. J'avais l'impression de surprendre des amants illégitimes. Ils étaient là, cet homme et cette femme, à se faire de douces caresses partout sur le corps. Je ne pouvais entendre ce qu'ils se murmuraient, mais je devinais facilement des syllabes de tendresse, et même, me semblait-il, quelques mots un peu crus. Je m'étais si souvent posé la question de la sexualité chez les personnes âgées. Et finalement, c'était une interrogation personnelle : est-ce que le désir meurt ? [...] À partir de cette époque, je n'ai cessé de vivre ma vie amoureuse en pensant à la vieillesse.

J'ai pensé qu'il fallait vivre les choses, en oubliant les limites, et la morale même.

Je n'ai cessé depuis de ressentir l'urgence du désir. De penser à la sensualité comme essence de la vie. Il me semble qu'on vit différemment quand on vit avec cette conscience intime de la vieillesse. »

DAVID FOENKINOS, *Les Souvenirs*

Une sexualité guidée par le cœur

Il est difficile de trouver le ton juste pour parler de la sexualité des âgés. La seule façon de le faire est sans doute de montrer qu'elle est *autre*. Intériorisée, infiniment plus tendre, plus lente et plus sensuelle. Elle n'est plus guidée par la pulsion, mais par le cœur. C'est une sexualité affective. Jamais sans doute, dans la vie d'un être humain, l'expression « faire d'amour » n'a été plus significative que lorsqu'elle désigne cette rencontre amoureuse, complice, des corps vieillissants ou déjà vieux. Je me souviens que Roger Dadoun, dans son livre *Pour une vieillesse ardente*, n'hésite pas à la qualifier d'érotique. Et il a raison, car *faire l'amour* est une façon d'être hors d'âge. Dans l'abandon érotique, les amants vivent une expérience sensible, hors du temps, et rien ne peut leur faire plus de bien.

Nous avons lu le témoignage de Macha Méril et presque tout le monde a eu connaissance des déclarations très médiatisées de Jane Fonda : « À 74 ans, j'aime faire l'amour et je n'ai jamais eu une vie sexuelle aussi épanouie. »

Nous avons lu aussi les réactions des « experts » qui nous enjoignent de ne pas « vendre du rêve » aux personnes âgées, et qui appellent à la prudence, car le vieillissement des organes affecte, selon eux, la capacité de désirer et d'éprouver du plaisir.

Il y a donc des discours différents. Il me semble que le malentendu vient du sens que l'on accorde à l'expression « vie sexuelle épanouie et satisfaisante ».

Un article de *Libération*[1] faisant état d'une étude[2]

---

1. « Plus femme vieillit, plus femme jouit », Frédérique Roussel, *Libération*, 6 janvier 2012.
2. Étude "Sexual activity and satisfaction in healthy community-dwelling older women", de Ricki Bettencourt, Elizabeth Barret-Connor et Susan E. Tromperer, janvier 2012.

menée pendant quarante ans auprès de huit cents femmes en Californie et publiée dans *The American Journal of Medecine* affirme que c'est parmi les plus âgées que l'on trouve le pourcentage de « satisfaction sexuelle » le plus élevé. En effet si 30 % seulement des femmes de 60-70 ans, faisant encore l'amour, déclarent être « satisfaites », presque la moitié des octogénaires encore actives sur ce plan disent avoir « un haut niveau de contentement orgasmique ».

Cette étude est contredite par une autre étude canadienne[1] disant, au contraire, que si l'avancée en âge n'a quasiment pas d'incidence sur le niveau de « satisfaction sexuelle » chez les hommes, il tend à beaucoup diminuer chez les femmes.

Je suis donc allée voir d'un peu plus près les résultats de ces études. L'étude canadienne que je viens de mentionner a pris la peine d'indiquer qu'elle s'était intéressée surtout à « l'activité coïtale », qui a plutôt tendance à diminuer avec l'âge, alors que les amants âgés privilégient les caresses et les baisers, témoignant davantage de l'amour qui circule entre eux que du désir, et ne mentionnent quasiment jamais des activités de pénétration.

La contradiction entre les deux études vient donc d'une signification différente attribuée au mot « satisfaisant ». Celui-ci, dans l'étude américaine, n'est pas lié uniquement au coït mais à un ensemble de plaisirs intimes et de caresses d'autant plus investis que ces gestes et ces échanges s'inscrivent dans un climat

---

1. "The effect of age on sexual repertoire and its concomitant pleasure", de G. Trudel et M.R. Goldfarb.

relationnel et une « proximité émotionnelle et physique avec le partenaire ».

On ne comprend rien à l'érotisme partagé des personnes âgées si on ne valorise pas l'intimité. Or qu'est-ce que l'intimité, sinon cette capacité de se montrer tel que l'on est à l'autre, et de l'accueillir tel qu'il est ? Qu'est-ce que l'intimité, sinon l'accueil réciproque de la vulnérabilité de l'autre ? Ce qui implique confiance et tendresse. La quête amoureuse du senior d'aujourd'hui est donc exigeante. Car cette intimité recherchée sort le couple de sa « cosse narcissique ». Elle ne relève pas tant « d'une communauté de goût ou d'intérêt, mais d'une faiblesse réciproque avouée, qui est propre à la condition humaine[1]. »

Quel amour véritablement intime ne veut pas voir l'aimé vieillir ? demande Yann Dall'Aglio dans son livre *L'amour est-il has been* ? Quelle véritable complicité amoureuse n'inclut pas la fatigue commune, la maladresse, « le réciproque bouleversant et lent flétrissement ?[2] » ?

Ainsi les baby-boomers, élevés au lait de la maîtrise, du contrôle, de la performance, n'ont-ils d'autre choix, en vieillissant, en s'approchant de leur mort, que d'opérer leur révolution narcissique.

Ils y sont contraints. « Ce n'est pas "une bombe sexuelle" que je tiens dans mes bras et que je caresse amoureusement, c'est un corps vulnérable, vieilli, mais vibrant d'émotions et tendre, un corps qui m'émeut. Et chaque mouvement de mon corps vers le sien, de son

---

1. Yann Dall'Aglio, *op. cit.*, p. 95.
2. *Ibid.*, p. 95.

corps vers le mien, forme une danse. Chaque étreinte, douce ou forte, est une communion », me disait un homme de 72 ans, veuf depuis quatre ans, qui venait de rencontrer une femme du même âge que lui.

C'est pourquoi il y a tant de tendresse et d'humour dans l'amour que se prodiguent les couples vieillissants.

Ils font sûrement encore l'amour

Je termine la lecture de *La Joie d'amour*[1] dans le bateau de la Compagnie vendéenne qui revient de l'île d'Yeu. Le bateau est bourré de vacanciers, pour la plupart des familles versaillaises avec jeunes enfants, tous bronzés, et pleins d'énergie. Les parents appartiennent à cette génération des *successful* quadras-quinquas, actifs, rapides, qui font cinq choses à la fois, parlent vite et fort et prennent toute la place. Notamment celle de ce couple de vieux, discrets et élégants, qui tente vainement de préserver son espace.

J'observe ce couple et suis tout à coup frappée par le contraste saisissant de leurs visages paisibles au milieu de ce tourbillon de jeunesse indifférente. Ils sont beaux tous les deux, de cette beauté qui vient de l'intérieur. Yeux fermés, appuyés l'un contre l'autre tendrement, ils semblent goûter un bonheur inaccessible aux autres. Lui, l'homme, arbore un léger sourire mystérieux et doux, tout en caressant lentement et sensuellement la main de sa femme. Ils sont dans leur monde, loin de ce brouhaha, et je me surprends à ressentir un calme et une

---

1. Robert Misrahi, *op. cit.*

joie inattendus en les regardant. Cette contemplation me fait du bien, et j'ai conscience d'être bien la seule à percevoir ce qu'ils vivent ainsi silencieusement, à l'insu de tous.

Ils font sûrement encore l'amour, me dis-je, sûrement ! Car une telle complicité sereine et heureuse ne peut exclure l'intimité des corps. Bien sûr, je n'en aurai jamais la preuve, mais j'ai appris à voir maintenant, par ce que dégage un couple âgé, la permanence ou non du lien charnel entre eux.

Le vieillissement – la lente avancée du grand âge – est-il un obstacle à la joie d'amour ? se demande justement Misrahi. Non, s'il y a cette connivence douce dont nous parlions plus haut, s'il y a complicité, tendresse, attention de l'un pour l'autre, affection réciproque. L'harmonie des sens et des esprits peut-elle être totale ?

Nous sommes des octogénaires
qui voulons faire l'amour

Je les ai observés pendant le temps d'un déjeuner que nous partagions. Lui, très élégant, soigné, mais aussi très vieilli, assez fragile, m'a-t-il semblé. Elle beaucoup plus tonique bien que sensiblement du même âge que lui. Encore belle. Des traits réguliers. Un regard bleu, une silhouette gracile. Ils sont assis côte à côte. Il la couve d'un regard amoureux, elle passe souvent sa main sur la sienne, avec tendresse.

C'est si rare d'être témoin d'un tel échange amoureux, en public, chez un couple d'octogénaires, que je me suis lancée. Après m'être présentée, je leur parle de mon livre sur l'avenir de l'intimité amoureuse. Je leur demande s'ils accepteraient de me parler d'eux. Je n'ai évidemment aucune idée de ce qu'ils vivent. Mais cet amour affiché m'intrigue. Elle me semble, d'emblée, très ouverte à ma proposition : « Nous nous sommes retrouvés il y a deux ans, après quarante ans sans nous voir, Pierre venait de perdre sa femme, il était libre. Nous vivons un amour. »

Bien que je meure d'envie d'en savoir plus, et qu'elle semble tout à fait prête à s'épancher, je préfère leur proposer de venir les voir chez eux en Bourgogne.

Quelques semaines plus tard, je viens déjeuner chez eux. Ou plutôt chez lui, car j'apprends alors qu'ils ne vivent pas encore ensemble. Elle est italienne et vit à Rome. Mais elle a pris un petit studio dans la ville voisine de la sienne, à Joigny, pour venir de temps en temps lui rendre visite. Lui va aussi à Rome, chez elle. Quand j'arrive, il souffre d'une mauvaise bronchite et m'accueille en robe de chambre très élégante. J'ai déjà remarqué cette recherche vestimentaire, témoignant d'un souci de présentation de lui-même, et de respect d'autrui. Un baisemain très délicat auquel je suis sensible. Puis, il s'excuse de ne pouvoir déjeuner avec nous. Elle, Marisa, m'emmènera déjeuner dans un bon restaurant de la ville et nous reviendrons ensuite prendre le café avec lui.

Je pense alors qu'il préfère sans doute que sa compagne me parle d'abord. Peut-être ma démarche l'incommode-t-elle un peu ? Parler sexe, à 80 ans, avec un écrivain qui ne cache pas son intention de publier leur témoignage, j'imagine facilement que cela ne va pas de soi. Mais je découvre ensuite qu'il a dévoré mon livre sur l'expérience de vieillir[1], un ouvrage que je leur ai envoyé pour préparer notre rencontre. Les pages sont annotées et plus particulièrement celles qui concernent la sexualité dans le chapitre intitulé « Vieillir et jouir encore ». Cela me rassure. Je pense que nous pourrons alors aborder assez facilement ce sujet.

Nous voilà donc Marisa et moi au restaurant. La confiance avec laquelle elle me raconte leur histoire me touche. Ils se sont rencontrés il y a quarante ans, en Italie, mais il était marié et l'histoire n'a pas eu de suite. Marisa, elle, ne s'est jamais mariée. Riche, belle, elle a mené une vie de femme libre, cultivée, passionnée de psychologie, de spiritualités. Bien des amants ont peuplé sa vie. Et je me dis, en la regardant, qu'elle était certainement une de ces Italiennes modernes au charme incontestable, victimes malgré elles de cette liberté qui se paie cher dans un monde machiste. Car le prix à payer est celui de la solitude. Elle s'en est rendu compte un peu tard, mais a su l'exprimer. C'est ainsi qu'une amie, ayant appris que Pierre était veuf, a organisé leurs retrouvailles. « Je voulais un compagnon », me confie-t-elle. Lui sortait d'une série d'épreuves, son cancer dont il a guéri, celui de sa femme, dont elle est morte. Comme pour bien des hommes, l'idée de vivre seul lui était insupportable. Il a donc fait une cour assidue à Marisa. « Il m'a écrit une lettre qui m'a beaucoup touchée, me demandant si j'acceptais d'occuper la place de sa femme. » Marisa n'avait pas l'intention de prendre cette place, ni de devenir son infirmière. Aussi

---

1. *La chaleur du cœur empêche nos corps de rouiller, op. cit.*

176

ont-ils négocié un mode de vie lui permettant de garder un peu d'autonomie. « Il est plus amoureux de moi que moi de lui », me dit-elle, mais il avait « une si jolie façon de m'embrasser sur la bouche, qu'il a conquis mon cœur. Nous nous aimons, et nous sommes des octogénaires qui voulons faire l'amour. » Puis, se reprenant, « j'ai envie de faire l'amour avec lui, mais c'est compliqué. Il y a si longtemps qu'il ne l'a plus fait. Nous allons voir une sexologue qui essaie de nous aider ». Je finis par comprendre qu'elle a encore une libido assez jeune et qu'elle rêve d'une relation sexuelle complète. Mais lui, comme beaucoup d'hommes de son âge, n'a plus d'érection depuis longtemps, et, au fond, plus vraiment de libido. Mais il l'aime, veut la satisfaire et est prêt à beaucoup pour cela. Comme, par exemple, d'aller exposer leur problème à une jeune sexologue de 45 ans. J'avoue penser alors qu'ils sont bien courageux, tous les deux !

C'est en prenant mon café une heure plus tard avec Pierre, qui va un peu mieux, qu'il me dit ce que cette jeune spécialiste de la vie sexuelle a tenté de lui faire comprendre. La sexualité d'un octogénaire n'a pas grand-chose à voir avec celle d'un quadragénaire. Il ne faut pas viser la performance, mais explorer le corps à corps, la tendresse.

« Nous n'avons pas le temps de faire l'amour », me dit-il. Je ne peux m'empêcher de rire. Pas le temps ? Marisa m'explique qu'ils n'ont pas de lit ! Pas de grand lit. Ils dorment dans des lits jumeaux, et n'ont donc jamais l'occasion de se lover l'un contre l'autre et de se câliner. Le soir, après dîner, ils tombent tous les deux de sommeil. Les quelques séances qu'ils ont eues avec leur thérapeute leur ont fait prendre conscience qu'il est urgent qu'ils s'achètent un grand lit. Le fameux lit va bientôt arriver. Ils pourront alors faire la sieste, et « faire la tendresse ». Je les écoute me parler si simplement de leur vie intime, avec un mélange d'étonnement et d'émotion. « Dans votre livre, s'exclame Pierre, vous dites qu'une femme peut éprouver une plénitude, dans le contact de sexe à sexe, même si l'homme n'a pas d'érection. Mais Marisa attend que j'en aie une ! Elle est frustrée sinon. Je me demande s'il ne faudrait pas que je prenne du Viagra ! » Pourquoi pas, ai-je répondu, me souvenant que François Parpaix m'avait confié avoir prescrit du Viagra à un homme de 96 ans, parce qu'il avait besoin de se sentir homme.

Je mesure alors combien les représentations de la virilité sont fortement ancrées chez l'homme comme chez la femme. Elles menacent l'épanouissement d'une intimité physique, dans le grand âge. Combien d'hommes préfèrent renoncer à leur vie sexuelle, alors qu'ils pourraient explorer une autre manière de faire l'amour ! Mais combien de femmes âgées restent fixées, elles aussi, au souvenir d'expériences de jeunesse, persuadées que la seule manière pour elles d'atteindre une forme de jouissance est d'être pénétrées. Je sens que le couple de Pierre et Marisa est à un tournant. S'ils veulent vivre leur amour, et le vivre corps et âme, il leur faut abandonner leurs références. S'ouvrir au nouveau. Se blottir l'un contre l'autre dans le grand lit qui va bientôt arriver, et laisser faire.

Ils sont d'ailleurs suffisamment intelligents l'un et l'autre pour sentir le danger que représente le fait de vouloir reproduire du connu. L'échec est indubitablement au bout.

Faire la tendresse

C'est une jolie expression que j'ai entendue un jour d'un couple âgé, qui faisait encore l'amour, mais différemment.

André (89 ans) et Jeanne (85 ans) vivent depuis soixante-cinq ans ensemble. Ils sont en assez bonne santé et autonomes. Leur connivence heureuse ne fait aucun doute. Je la sens d'emblée à leur manière d'être, en eux-mêmes, calmes et rayonnants, et avec l'autre dans cette « expansion douce » que je perçois comme une sorte de halo invisible qui les tiendrait ensemble. On se sent bien près d'eux, ce qui est déjà un signe. Ils respirent donc quelque chose d'heureux. Nous parlons de leur vie, et j'apprends qu'ils « se sont mariés pour la vie » et que si leur couple a duré, malgré les épreuves et les coups durs, c'est qu'ils ont toujours été fidèles l'un à l'autre et se sont fait une confiance absolue. André me confie : « J'ai toujours pensé que face aux tentations – et il en a eu – il ne fallait pas de première fois. Quand un homme trompe sa femme une fois, il ouvre une porte qui ne sera jamais plus refermée ! » Et Jeanne d'ajouter : « Je lui ai toujours fait confiance. Je savais que si j'avais une épreuve je pouvais m'appuyer sur lui. » Cette connivence douce qui émane d'eux, aujourd'hui, dans leur grand âge, repose de fait sur une connivence physique, un attrait qui a toujours été là.

Je les regarde et les trouve beaux, tous les deux. Lui a une élégance certaine, une virilité posée, un beau regard dans lequel on lit une solidité, une confiance en soi qui donne envie d'aller vers lui. Elle a un joli visage, très féminin, qui dégage une sensualité douce et réservée, mais aussi une certaine force. Je leur pose une question assez intime à laquelle ils ont bien voulu répondre : comment leur sexualité a t-elle évolué en soixante-cinq ans ? Elle me répond sans hésiter qu'avec le temps cela n'a fait qu'aller mieux. Bien sûr, après une première lune de miel de trois ans, il y a eu des moments où avec les grossesses et les enfants elle s'est sentie moins disponible, et lui a pu traverser des périodes pendant lesquelles le travail, les soucis, ont eu leur effet raboteur, mais au fil des ans, le plaisir de faire l'amour est resté vivace. « On l'a *fait* très longtemps. » J'ai compris qu'ils ne le *faisaient* sans doute plus mais n'ai pas osé demander depuis quand ils avaient cessé de le *faire*, car j'ai senti qu'ils avaient trouvé une autre manière d'être sensuellement et tendrement ensemble. C'est elle qui a tenu à préciser qu'ils n'avaient jamais fait chambre à part, qu'ils dormaient toujours dans le même lit, l'un contre l'autre, main dans la main avant de s'endormir, et que ce contact tendre des peaux et des corps était quelque chose de vital pour elle.

Et puis elle m'a parlé de la danse. Ils ont toujours aimé danser, des danses de salon et depuis peu des danses country. Alors André s'est animé. Il m'a raconté que lors d'un séjour au ski avec un groupe de seniors, ils ont assisté à une soirée dansante dans l'hôtel où ils se trouvaient avec de jeunes cadres. Ils se sont mis à danser des valses, des tangos, des paso doble, et les jeunes sont venu les féliciter pour le plaisir qu'ils donnaient à voir, un plaisir rare, celui de corps vieux rendus beaux par le rythme et l'accord. Ils dansaient bien, et on sentait manifestement qu'ils avaient du plaisir. Les jeunes n'en sont pas revenus ! Ils avaient devant eux la preuve que l'on peut encore danser et faire l'amour tard dans la vie.

Au fond, André et Jeanne cultivent le plaisir de l'entente, comme on cultive un jardin, avec attention et conscience. C'est le plaisir qui est au centre de leur couple, même quand ils partagent leurs soucis communs. Ils sont attentifs l'un à l'autre, se parlent beaucoup, et ne « s'engueulent » jamais. Ils ont conscience de la chance qu'ils ont d'être encore ensemble et remercient quotidiennement le ciel, auquel ils croient, de cette grâce.

« Oui, nous avons de la chance, car parmi nos amis du même âge, certains "se supportent mais ne s'aiment plus". Ils comblent un vide réciproque mais ne sont pas heureux. » Cette chance, ils la considèrent l'un et l'autre comme un bien fragile, précaire, car s'ils n'ont plus trop peur que des « tentations » viennent ébranler leur couple, ils savent que la réalité de la mort les attend, et qu'ils devront se quitter un jour.

Le couple n'est donc pas une sécurité, un rempart, une garantie contre la solitude. Il ne protège de rien du tout. Il est un risque.

Ils ont la chance d'être encore deux, ensemble, à leur âge, et je pense à tous ceux et celles qui aimeraient vivre cette complicité sereine et tendre, mais qui seuls, veufs ou divorcés, ont déjà rayé l'amour de la carte de leurs projets. La solitude les a installés dans un pessimisme tranquille. Ils semblent s'être accommodés de ce deuil de leur vie amoureuse et sexuelle, mais c'est tellement souvent au prix d'une sorte de résignation triste qui les fait vieillir à toute vitesse. Je pense aussi à tous ces couples qui ne font plus l'amour depuis longtemps mais qui restent ensemble pour toutes sortes de bonnes raisons qui vont de l'habitude à la peur de la solitude. Je croise parfois leurs regards dans les restaurants parisiens où je vais dîner. Ils ne s'adressent pas la parole de tout leur repas, mangent avec application, émettent tout juste une appréciation sur le vin ou le plat qu'ils dégustent, mais ils ne se racontent plus rien et semblent s'ennuyer. Ils ne font certainement pas l'amour en rentrant. Leurs occupations solitaires, Internet, la lecture, la télévision les attendent. Éros est parti depuis longtemps.

Le désir peut durer toute la vie

Le docteur Olivier Soulier a quelques histoires à raconter quand je lui parle de mon intérêt pour les amours de vieillesse.

La première patiente dont il me parle est une veuve de 90 ans. Il la décrit comme pleine de charme, très coquette, encore très séduisante. À quoi cela tient-il ? Sans doute au fait qu'elle a toujours été désirante, et qu'elle le reste. « Mon secret de longévité, c'est le plaisir », lui a-t-elle dit une fois. Gabrielle a vécu toute sa vie avec le même homme, dans une propriété viticole du Languedoc. Elle a connu son mari à 20 ans, et n'a jamais connu d'autre homme. Le désir était au centre de leur vie de couple, et à 80 ans passés, raconte-t-elle, ils faisaient encore l'amour deux ou trois fois par semaine. Et si Robert était occupé à son bureau, elle n'hésitait pas, si elle en ressentait l'envie, à lui faire une vraie parade amoureuse, jusqu'à ce qu'il lui fasse l'amour. Un jour, Robert est mort accidentellement. Gabrielle a alors « somatisé » de multiples façons : cystites, démangeaisons vulvaires.

Olivier la voit en consultation et comme il la connaît bien, et depuis longtemps, il lui parle franchement : « Il vous manque, Robert ? Vous avez encore envie de faire l'amour avec lui ? » Gabrielle s'est effondrée : « Qui peut comprendre qu'une femme de 85 ans ait encore envie de faire l'amour, docteur ? » Olivier lui demande alors si parfois elle se caresse. Gabrielle se récrie. Elle ne l'a jamais fait. Son homme s'occupait suffisamment bien d'elle. Quelques mois plus tard, elle revient en consultation. Le prurit vulvaire a disparu. Gabrielle confie alors qu'elle a beaucoup réfléchi à la piste suggérée par son docteur. Elle s'est donc caressée et, oh surprise, elle a senti que Robert était là. C'est comme s'il la caressait lui-même. Olivier me dit que cela ne l'a pas étonné du tout. Il y a une mémoire de la peau et du corps. Quand toute une vie érotique s'est imprimée dans son corps, on la retrouve. Gabrielle sait donc maintenant comment garder le lien avec Robert et toute leur histoire d'amour et surtout elle a retrouvé la flamme du désir qui la maintient en forme à son âge.

Lui qui voit tant de monde dans son cabinet, il est convaincu que la vie amoureuse et érotique d'un couple peut durer toute la vie, « si la qualité du lien entretient la petite flamme du désir, aussi petite soit-elle ».

Il se souvient, lorsqu'il était jeune médecin, d'un couple âgé chez qui il était hébergé alors qu'il remplaçait leur fils médecin. Le matin, alors qu'il prenait son café à moitié endormi, il voyait l'homme s'approcher de sa femme au fourneau, la coincer contre la cuisinière et se frotter contre elle avec délice. Ils riaient tous les deux. En fait, ils faisaient chambre à part, parce qu'il la gênait en ronflant. Olivier pensait, comme on peut l'imaginer à 25 ans, qu'il n'y avait plus de vie sexuelle entre eux. Mais il a constaté que ce n'était pas le cas : ils lui racontaient avec le plus grand naturel, qu'ils se retrouvaient toujours « pour un câlin » le soir ou le matin. Ils avaient un code humoristique. Il arrivait dans la chambre en disant : « Madame, la nature parle » et elle répondait en riant : « Que la volonté de Dieu soit faite ! » Olivier a appris quelques années plus tard la mort de l'un, et l'autre est mort trois mois plus tard. Ces couples très fusionnels et désirants meurent souvent quasiment ensemble. Le survivant ne tarde pas à suivre celui qui est parti en premier.

Ces amours de vieillesse tiennent uniquement par la qualité du lien, conclut Olivier. Certains hommes octogénaires peuvent avoir encore une érection suffisante pour pénétrer leur femme, même si elle est moins longue et moins fréquente. C'est parce qu'ils se sentent aimés et désirés. Il n'y a pas que le désir de l'homme, l'attitude de la femme est importante. « La femme peut parfois casser l'homme ou le ressusciter », dit-il et pour illustrer son propos, Olivier me raconte l'histoire de cet homme d'affaires de 60 ans qui avait une femme « difficile », l'humiliant sans arrêt, le traitant de mauvais amant et qu'il a fini par quitter. À 70 ans, il a rencontré une femme de 65 ans. Comme il n'avait pas fait l'amour depuis dix ans, il avait perdu toute « capacité érectile ». Sa nouvelle compagne n'y a pas attaché d'importance. Ils ont inventé un jeu érotique entre eux et se sont donné du plaisir autrement. Il a mis deux ans à retrouver son érection.

Cela montre qu'un homme qui « cesse de bander », dit Olivier, peut très bien retrouver sa virilité avec une compagne douce et aimante. « Il faut juste du temps et de l'amour. »

Le lien érotique au-delà de la mort

La force du lien érotique est tel que certains veufs ou veuves, quand ils osent en parler, évoquent le prolongement de ce lien, au-delà de la mort. C'est un sujet tabou, des choses dont on ne parle pas.

J'en ai parlé avec Noëlle Châtelet qui a eu le courage d'aborder cette question de la présence des morts dans l'un de ses romans, *Madame George*[1].

On y lit les confidences de Mme Mansour, une veuve de 75 ans, « longue natte plus blanche que blonde posée sagement sur sa poitrine, recroquevillée de tristesse, à son psychiatre, au sujet de la présence de son mari, décédé. Le chagrin d'une femme... soudain sans son homme. Sans *lui*. »

---

1. Noëlle Châtelet, *Madame George*, Le Seuil, 2013, p. 68.

« Comme je vous l'ai dit, l'autre jour, docteur, mon mari s'est mis à me rejoindre la nuit. J'ai toujours veillé, aussi bien, à lui laisser toute sa place à droite de notre lit. Jamais je n'aurais osé l'occuper. Jamais je n'ai débordé de la mienne. J'ai besoin de si peu, il est vrai... Le moment où il me retrouve est très doux, très réconfortant... Il n'est pas là toutes les nuits. Mais sa venue me réveille. Je sais quand il arrive... Difficile à dire... Généralement, c'est le changement de température qui m'alerte. Il fait soudain plus chaud, ou plus froid, au-dessus de ma tête. C'est une vibration de l'air, si précise parfois que j'ai l'impression d'une caresse sur mes cheveux... Il aimait tant mes cheveux... il n'a jamais voulu que je les coupe, voyez-vous... Ensuite, le matelas se creuse mais de façon tellement légère, imperceptible que... Que je doute... et pourtant, le poids sur le lit existe bien... Pas comme avant... Avant sa mort. » Le psychiatre lui demande alors s'il s'agit d'un poids sans poids. « Oui c'est cela, docteur. Exactement. Et la sensation d'une forme aussi, si je tourne la tête de son côté, dans le noir. Difficile d'expliquer... »

Le psychiatre poursuit : « Vous voulez dire une forme sans forme, invisible et pourtant circonscrite et sur vous, non pas un regard, mais un regard devenu pensée... Abstrait... L'idée d'un regard, c'est cela, madame Mansour[1] ? »

Cette jolie septuagénaire n'a pas peur de ce qui lui arrive, de cette présence de son mari dans son lit. « C'est un tel bonheur de pouvoir se retrouver ainsi ! C'est bien la preuve qu'il pense à moi, comme je pense

---

1. Noëlle Châtelet, *Ibid.*, p. 70.

à lui ! Au fond, il n'existe pas de coupure décisive entre les morts et les vivants... Il y a des passages, j'en suis persuadée[1]. »

Ce que Noëlle Châtelet décrit là, dans son roman, elle témoigne en privé qu'elle l'a vécu. Et bien d'autres personnes aussi. Cette impression physique de la présence d'un corps que l'on a aimé. Lors d'une conférence récente[2], j'ai entendu Noëlle se demander si ces « corps immatériels » étaient l'effet d'une imagination sensorielle ou s'ils avaient une réalité, que la science pourrait prouver un jour.

La sagesse c'est d'arrêter

Dans le documentaire de Ludovic Virot, *Le sens de l'âge*, diffusé sur nos écrans de cinéma il y a quelques années, quelques octogénaires témoignent sur un ton très direct de ce que sont devenus leur désir et leur vie amoureuse.

Un vieil homme de 80 ans, assis sur un banc en hiver nous dit :

« Je me sens capable d'autant d'amour qu'il y a vingt ans ou quarante ans. Je dis bien, je me sens capable. Mais encore faut-il trouver l'occasion, le créneau, et la partenaire. J'ai ressenti la dernière fois, c'est pas très vieux, il y a quatre ans, une pulsion amoureuse. Je me suis retrouvé, comme je l'ai toujours été, assez

---

1. Noëlle Châtelet, *Ibid.*, p. 68-70.
2. Colloque Audiens, « Les chemins du deuil », du 15 novembre 2014. Intervention de Noëlle Châtelet : « Nos chers disparus. »

amouraché. C'est arrivé comme ça mais ça ne s'est pas concrétisé. Actuellement, je vis une vie calme, je ne désire pas, mais je ne suis pas du tout frustré. J'attends que le désir vienne, et il viendra ou pas ! Je crois que l'amour dans sa totalité est possible à tout âge. En tout cas *l'espoir* de l'amour est encore vivace à n'importe quel âge. »

Nous faisons connaissance ensuite avec Madeleine, 80 ans, qui vit seule dans le quartier chinois de Paris et qui s'est fait des amis parmi les jeunes. Ils l'emmènent en scooter au marché, prennent des pots ensemble, lui apprennent à jouer au ping-pong, l'initient à la manucure. Bref, elle donne l'impression de bien s'amuser au milieu d'eux. Quand Ludovic Viriot lui demande ce qu'est devenue sa vie de femme, elle avoue que les gestes de tendresse de son mari lui manquent : « Le contact physique avec un mari qu'on a aimé, ça ne s'oublie pas. Je ne me vois pas recommencer avec un autre homme. De toute façon, j'ai passé l'âge. On n'a plus les mêmes envies ni les mêmes besoins qu'à 60 ans. » Depuis dix ans, elle n'a plus « d'homme à la maison » et dit qu'elle n'y pense même pas. « Mais j'avoue qu'un beau mec, un bel homme, je le remarque, une belle femme aussi d'ailleurs ! Je dis à ma copine : Regarde comme il est beau celui-là. » Mais ça s'arrête là. Est-ce qu'elle aimerait avoir un contact physique avec un bel homme ? lui demande-t-on. Elle se récrie : « Ah non ! Ça ne me viendrait pas à l'idée. J'envie celles qui peuvent encore. Je ne me vois pas rencontrer quelqu'un et avoir des relations amoureuses maintenant. Rien que d'y penser... non ! Rencontrer quelqu'un avec qui aller voir une expo, je ne dis pas non. Par contre, je ne veux plus jamais d'un mec à la maison. Ça m'a suffi, je ne vais pas recommencer », dit-elle en riant. Et elle ajoute : « Je suis bien avec mes copines, moi ! »

Nous découvrons ensuite Robert, 90 ans, dans sa salle de bains où il fait du taï-chi, des sons thérapeutiques, des étirements savants. Son énergie, dont il prend grand soin, est impressionnante. Il se dit très heureux, après une vie semée d'épreuves, jouissant « de sa grande autonomie ». Tomber amoureux à son âge ? Il en rit. « Parce que être amoureux, c'est être malade. On ne voit pas clair. On ne voit pas la vérité de la personne. On est aveugle ! J'ai été amoureux, c'est de la folie, c'est perdre tout bon sens, toute logique ! » Non, il ne se pose même pas la question.

Frida non plus ne se voit pas tomber amoureuse. Cette femme de 85 ans vit dans une belle propriété où elle accueille des séminaires. Elle aussi semble épanouie au milieu des plantes qu'elle caresse, des hôtes qu'elle reçoit, pour qui elle confectionne de délicieux gâteaux, avec qui elle joue à des jeux de société. Quand Ludovic Viriot l'interroge sur ses désirs amoureux, elle se montre très carrée : « Remettons les choses au point. Je ne cherche pas. Ma petite-fille m'a persuadée que ce serait bien pour moi si j'avais quelqu'un. Je lui ai répondu que j'aimerais bien trouver un copain, un ami, mais platonique. Quelqu'un qui m'emmène le soir au cinéma, qui conduise ma voiture, qui m'emmène en voyage. "À mon âge, qu'est-ce que tu veux qu'on espère ?" lui ai-je dit. »

Frida constate que tous ses bons copains sont morts, et qu'à partir d'un certain âge on ne se fait plus de vrais grands amis, comme lorsqu'on a vingt ans. « Il y a un monsieur très gentil qui vient m'aider à m'occuper de mes abeilles. Un monsieur qui a 90 ans. Moi qui en ai 85, c'est honorable comme différence ! Mais le pauvre ! Il est fatigué, même s'il conduit encore sa voiture et s'occupe de ses abeilles. Mais moi je ne peux pas vivre avec quelqu'un qui a des problèmes de fatigue, qui veut se coucher tôt le jour où j'ai pas envie de me coucher tôt. Même si on ne partage pas la même chambre, si un soir j'ai envie de jouer aux cartes et qu'il a sommeil, ce n'est pas la peine de vivre ensemble. Donc à partir d'un certain âge, ça devient difficile. Ce n'est pas la même chose pour les gens qui ont vécu toute leur vie ensemble. Ils connaissent leurs défauts, ils se connaissent trop. C'est peut-être insupportable pour eux, mais ce n'est pas gênant. Non ! On ne peut pas créer une relation quand on est trop âgé. » Quand on lui demande enfin si elle pourrait tomber amoureuse un jour, elle a un immense sourire mais sa réponse est catégorique : « Non, je ne pense pas. » Sait-elle pourquoi ? « Primo j'ai eu dans ma vie des hommes qui m'ont apporté tout ce que je pouvais attendre d'un homme, à la fois de l'intelligence, de la beauté et de l'amour. J'ai eu tout cela, je n'ai plus besoin d'un ersatz, parce que tout ce que je pourrais trouver maintenant ça ne serait qu'une pâle copie de ce que j'ai eu. C'est pas la peine. Et puis je n'en ai pas envie. Je suis très bien comme cela. »

Frida évoque alors tous ces films dans lesquels on ne peut se passer de scènes de sexe. « Je me dis : encore cette gymnastique ! Ce n'est pas pareil quand on est jeune. Il y a le désir qui intervient. À mon âge, il n'y a plus de désir. Alors la sagesse, c'est d'arrêter. D'ailleurs, ajoute-t-elle avec un sourire lumineux, ça s'arrête tout seul. Et ce n'est pas une perte de quelque chose. C'est un autre état. On est autre. »

Un regard bienveillant

J'entends souvent dire que pour les jeunes la sexualité des vieux est tout simplement inimaginable. Quand ils n'emploient pas des mots plus durs : dégoûtante, perverse.

Le lecteur comprendra pourquoi ma rencontre avec une jeune réalisatrice de 38 ans, portant un regard bienveillant sur la sexualité des âgés, m'a tellement étonnée.

Nous prenons un café au Flore. Andréa Riedinger me parle avec passion des reportages qu'elle a faits aux États-Unis. Notamment celui sur « Les veuves joyeuses ».

Elle se souvient de Naomi Wilzig, cette femme qui a créé à Miami le World Erotic Art Museum, le plus grand musée érotique du monde. Âgée de 80 ans, veuve d'un banquier milliardaire qui lui a légué une fortune colossale, elle a collectionné plus de quatre mille objets, tableaux, sculptures et ustensiles de toutes les époques. C'est après la mort de son mari qui n'appréciait pas du tout son intérêt pour l'érotisme qu'elle a constitué cette collection unique au monde. Elle vit aujourd'hui à Miami dans un appartement qui domine la mer, avec son compagnon noir, Jessie, qui a quasiment la moitié de son âge. Complètement à l'aise avec sa sexualité, elle est devenue de fait une sorte de sexothérapeute pour les jeunes femmes à qui elle prodigue ses conseils.

Andréa me parle aussi de Dolorès qui, veuve à 80 ans, « s'accorde tous ses rêves » et qui a osé concourir pour Miss Arkansas senior. Andréa l'a filmée allant chercher son amant, plus jeune qu'elle, à l'aéroport. « Si tu savais comme ils étaient beaux !, me dit-elle. Il y avait tant d'amour dans ses yeux à elle, leur manière de se retrouver était si belle, que j'ai eu envie d'être à leur place ! »

C'est la première fois que j'entends une femme jeune porter un regard bienveillant, et même un peu envieux, sur la sexualité d'une femme qui pourrait être sa grand-mère. Cela fait du bien !

Le plaisir d'amour dans les maisons de retraite

La sexualité des âgés restera sans doute longtemps encore taboue, peut-être même toujours, pour une raison sans doute plus inconsciente que culturelle. De même que les enfants ne peuvent imaginer leurs parents en train de faire l'amour, de même les jeunes ne peuvent se représenter la sexualité des plus âgés. C'est sans doute la raison pour laquelle cette sexualité est si mal perçue dans les maisons de retraite.

Pourtant, et les ministres en charge des personnes âgées ne cessent de le répéter, année après année, le droit à la vie privée, et donc à l'intimité, fait partie des droits fondamentaux des personnes. Ne pas respecter la sexualité des personnes âgées est tout simplement une maltraitance.

Certes, les comportements ont évolué, mais il y a encore des soignants qui se sentent très mal à l'aise, voire très gênés par le comportement amoureux de personnes âgées, surtout lorsque ces personnes s'exhibent devant eux.

« Si le plaisir d'amour à la fin de la vie se résumait à de la présence, à de la tendresse, à des petites bises, à la chaleur d'un corps, tout le monde serait d'accord, de sorte que dans les maisons de retraite, on célébrerait sans la moindre réticence le fait que vieillir puisse continuer à rimer avec plaisir. Et tout irait fort bien dans le meilleur des mondes ; le problème c'est que, même en fin de vie, il n'est pas sûr du tout que le plaisir d'amour se résume et se limite à la tendresse[1]. »

Et dans ce cas, il arrive que ce « plaisir d'amour » soit condamné avec des mots très durs. On le trouve laid, sale, incongru. Les soignants demandent alors au médecin des traitements pour calmer ces pulsions. Ou bien ce sont les enfants des résidents qui exigent du personnel qu'il sépare « les impétrants ». Des arguments mettant en avant la démence[2], le non-consentement supposé ou la sécurité des personnes dépendantes justifient souvent l'intolérance des familles et des personnels de ces maisons de retraite. En fait toutes ces « bonnes raisons » de priver les anciens de leur intimité et de leur sexualité s'enracinent dans la difficulté que nous avons collectivement à nous

---

1. « Champagne et tisane. Approche philosophique des amours de vieillesse », Éric Fiat dans *Amours de vieillesse*, Presses de l'EHESP, avril 2009.
2. Selon la gériatre Françoise Forette, 70 % des personnes âgées dépendantes en EHPAD sont atteintes de la maladie d'Alzheimer.

représenter le désir érotique d'une personne âgée, et à accepter l'idée que le besoin de proximité charnelle, de tendresse et de plaisir peut persister toute la vie.

De plus en plus, dans les formations destinées aux personnels des maisons de retraite, on aborde cette question. Alors les soignants, conscients de cette dimension toujours vivante de la vie intime des résidents, sont capables de la respecter. « Il s'agit d'accompagner les professionnels dans l'idée que la sexualité et la vie affective n'ont pas d'âge », déclare Éric Seguin, le jeune directeur d'un groupement de maisons de retraite du Finistère[1], « et de penser la chambre comme un domicile, en permettant à la personne âgée d'avoir un espace où elle puisse se retrouver seule avec elle-même... C'est aussi prendre le risque de ne pas tout contrôler et laisser une place à une vie secrète de l'institution, aux portes closes et aux lumières éteintes[2]... ». Le jeune directeur est aussi d'avis qu'il faudrait mettre des lits doubles « car la largeur des lits individuels n'est pas très propice aux ébats amoureux ».

Il y a dix ans, Paulette Guinchard, alors ministre chargée des personnes âgées, m'avait déjà fait remarquer que le seul fait que les EHPAD ne proposent que des lits à une place montrait bien que la sexualité était « très officiellement niée, pour ne pas dire prohibée ».

Au moment où je débutais l'écriture de ce livre, j'ai appris qu'un site vendant des objets érotiques s'engageait dans une action pour sensibiliser les personnels

---

1. Syndicat intercommunal à vocation unique des Rives de l'Elorn.
2. Article du *Huffington Post* du 19 juin 2013, « La sexualité des personnes âgées au cœur d'une démarche inédite en maisons de retraite ».

des maisons de retraite au respect de l'intimité de leurs résidents. C'était à l'occasion de la Saint-Valentin. Quinquessence[1] lançait l'opération « Intimité souhaitée ». Sur le site de l'entreprise, on pouvait lire : « Cette fête est l'occasion de rappeler combien les personnes âgées accueillies en EHPAD (anciennement maisons de retraite) peuvent aujourd'hui difficilement exprimer leurs sentiments amoureux sans rencontrer le regard infantilisant ou de désapprobation des équipes de l'établissement. « On mettait donc à la disposition des établissements qui "s'engageaient sur la mise en place de procédures permettant de respecter l'intimité des résidents", des panneaux "Intimité souhaitée. Merci de ne pas déranger" à accrocher aux portes des chambres. »

L'intimité respectée, jusqu'où ?

J'admire depuis longtemps le dynamisme de cette femme totalement engagée dans l'humanisation des soins donnés aux personnes âgées. Annie de Vivie dirige le site Agevillage et travaille inlassablement à promouvoir le concept « Humanitude » dans les maisons de retraite. Aujourd'hui nous déjeunons ensemble. Aux détours d'une conversation qui porte sur la nécessité de renforcer l'estime de soi des personnes âgées pour prévenir la perte d'autonomie, je lui parle de l'enquête que je mène.

---

1. Quinquessence.fr. Boutique vendant des produits érotiques sans limite supérieure d'âge à 50, 60, 70... 100 ans et plus car « au-delà de cette limite, votre ticket est toujours valable ».

Elle me raconte alors l'anecdote suivante, qui a fait d'ailleurs l'objet d'une communication lors de son dernier colloque sur la maladie d'Alzheimer. Une vieille dame de 99 ans se blessait régulièrement en se masturbant avec toutes sortes d'objets inappropriés, notamment sa brosse à cheveux. Après plusieurs hospitalisations pour hémorragies au niveau de la vulve et du vagin, la directrice de l'établissement a réuni son personnel et a pris la décision d'acheter un sex-toy pour cette résidente. Laisser la situation en l'état était une forme de non-assistance à personne en danger. Il fallait faire quelque chose. Il n'était pas question non plus de priver cette vieille dame de tous les objets qui auraient pu servir à ce qui semblait un besoin impérieux, un besoin de plaisir naturel et respectable.

« On l'imagine bien, cela n'a pas été simple de rallier tout le personnel à la décision d'acheter un godemichet pour une résidente », me raconte Annie. Mais le personnel était formé à la philosophie de l'Humanitude et l'idée de respecter l'intimité des personnes âgées, aussi vulnérables soient-elles, était déjà bien implantée dans l'établissement. Après avoir prévenu la tutrice de la vieille dame, qui se montre très ouverte et saisit bien l'enjeu de cet achat, la directrice se procure donc l'objet et l'apporte à la vieille dame qui s'écrie « Popol ! » et range aussitôt l'objet dans une boîte à chocolats. Il n'y a plus eu d'hospitalisation en urgence pour hémorragie. Le personnel de l'EHPAD[1] raconte qu'un jour le neveu de cette résidente a ouvert la boîte aux chocolats et s'est

---

1. Cette histoire s'est déroulée en 2009 à l'EHPAD Les Capucines à Civray dans la Vienne.

mis en colère. Comment un sex-toy avait-il atterri dans la boîte à friandises de sa tante ? Il a fallu expliquer à ce monsieur, très choqué par cette découverte, toute la démarche de l'équipe et sans doute le confronter lui aussi à la réalité de la sexualité des âgés et en l'occurrence au nécessaire respect de l'intimité de sa tante !

Sur le site agevillage.com, on lit que la vieille dame disait avec humour qu'elle aurait préféré un beau jeune homme, mais « Popol lui a tenu compagnie jusqu'à la fin de sa vie ».

Conclusion

Qu'ai-je appris de ce voyage dans les contrées où nos seniors vivent leurs désirs et leurs amours ? Dans ces territoires un peu en marge, peu explorés, un brin mystérieux ?

Les experts de la vie sexuelle m'ont prévenue : attention à l'angélisme ! Ne faites pas croire à ceux qui vieillissent qu'ils vont « découvrir le Pérou ».

Après m'avoir expliqué en long et en large les dégâts du vieillissement sexuel, ils sont pourtant convenus qu'on peut rester désirants et aimants en avançant en âge, et accéder à des points de vue magnifiques. Il s'agit bien « d'accéder » à un Éros différent. Mais cette intimité érotique suppose d'accepter de laisser derrière soi le connu, de se laisser aller à ce que l'on sent, et de ne pas se préoccuper de son image.

C'est d'une vraie révolution narcissique qu'il s'agit. Ne plus se regarder dans le miroir, ne pas chercher à se rassurer dans le regard de l'autre, mais s'engager dans une rencontre intime avec l'autre, qui n'exclut pas le plaisir charnel.

De l'avis des hommes et des femmes qui ont accès à cette sexualité plus lente et plus sensuelle avec un être que l'on aime, l'âge ne retire rien à la joie d'amour, au contraire.

Il permet même de concilier sexe et tendresse, ce qui n'est peut-être pas très facile lorsqu'on est jeune, aux prises avec la fougue du désir.

La première condition, c'est de rester désirants et amoureux, que l'on soit seul ou en couple. Il s'agit au fond de rester vivant. Ce qui suppose d'aimer la vie, d'avoir le goût de vivre, et de rester ouvert au *nouveau*.

La deuxième condition est d'avoir une bonne estime de soi, ce qui implique une capacité à prendre soin de soi, de son corps, et de son esprit pour rester désirable.

La troisième condition est de développer sa double capacité à garder une certaine distance avec la personne aimée, pour préserver le mystère, et à décliner en même temps une certaine intimité au quotidien. L'intimité se construit et s'entretient, dans la distance et la proximité. Sans elle, il ne peut y avoir d'Éros ni d'amour durables.

Cela écarte d'emblée les seniors dépressifs, amers, désespérés, ceux qui se laissent aller, ceux qui se laissent dégringoler, mais aussi ceux qui ont décidé de tirer un trait sur leur vie amoureuse, pour de multiples raisons.

Il y a ceux qui n'ont jamais aimé faire l'amour ou qui sont trop inhibés, ceux qui ne sont pas dégagés des interdits sociaux ou religieux, qui se sentent coupables d'exercer leur sexualité dans un âge libéré du devoir de procréation, et sont victimes du « retour de la moraline » dont parle Nietzsche. À ceux-là, j'ai envie de rappeler que l'un de nos papes, plus personnaliste que théologien, il s'agit de Jean-Paul II, a tenté, sans y réussir vraiment, de réhabiliter la notion de plaisir sexuel. L'homme *n'ayant* pas seulement un corps, mais *étant* un corps, « la chair n'est plus une "erreur" ou une "malédiction". Elle fait partie de la personne et la personne est vraiment faite pour se donner. En se donnant, elle se trouve et rencontre là son bonheur ». Voilà ce qu'on lit dans le livre d'Yves Semen[1] qui assure que Jean-Paul II considérait « le plaisir comme un bien parce qu'il est le "signe" même de la pleine communion – via l'intimité du corps – de deux personnes, qui se donnent l'une à l'autre ».

Parmi ceux et celles qui ont tiré un trait sur leur vie amoureuse, il y a ceux que celle-ci n'intéresse plus du tout. Le phénomène de *l'asexualité* m'a beaucoup intriguée. Il m'a semblé qu'il y avait un lien entre le consumérisme du sexe, la promotion de la jouissance obligatoire, et l'absence de désir que certains revendiquent comme un véritable statut, et une libération.

Chez les renonçants à la joie amoureuse, il y a enfin le peuple des gens seuls, et notamment les femmes. La solitude est un vrai problème.

Je l'ai compris lorsque j'ai rencontré les nombreuses femmes qui acceptent une relation amoureuse secrète, parce que leur amant n'est pas libre, ou celles qui vont chercher l'âme sœur sur les sites de rencontres. Une quête un peu adolescente et un peu illusoire, même si je connais des couples qui se sont formés de cette manière et qui sont très heureux. Ces rencontres m'ont montré la permanence du désir, la soif d'amour et de

---

1. Yves Semen, *La Théologie du corps*, Éditions du Cerf, 2014.

contact charnel qui est au cœur de l'humain, quel que soit son âge. Mais ce qui a été pour moi une vraie découverte, c'est de réaliser la créativité qui se déploie dans cette quête. Les femmes qui apprennent ce qu'est vraiment l'amour, un acte d'abandon et de confiance à l'autre, qu'il faut accepter tel qu'il est, avec sa réalité et son environnement. J'ai été touchée par les hommes et les femmes qui m'ont dit à quel point ce qu'ils vivent à cet âge les fait évoluer dans leur manière d'aimer, moins possessive, plus à l'écoute de l'autre. Ils sont, pour la plupart, capables de vivre le moment présent et d'en jouir, sans se projeter dans l'avenir. Ils arrivent à un âge où c'est le présent qui compte, puisqu'on n'a plus rien à construire, si ce n'est la qualité d'un lien.

Je me suis intéressée à ce qui permet aux couples de résister à l'usure du temps et de continuer à vivre une connivence douce et tendre. Certains, rassasiés d'amour, ne font plus l'amour mais « font la tendresse ». La joie d'amour est toujours présente entre eux. Le contact charnel est toujours là. La douceur de la peau, son odeur, sa chaleur, la présence de la voix, nourrissent l'amour. On voit bien que cette permanence du lien charnel dit quelque chose de l'importance cruciale du contact physique dans le plaisir de vivre.

D'autres vont s'initier à des voies érotiques nouvelles, comme celles que l'Inde ou la Chine ont développées depuis la nuit des temps. Ils explorent ensemble une autre manière de faire l'amour, plus lente, plus consciente, infiniment mieux adaptée au vieillissement de leur corps que la sexualité pulsionnelle qu'ils ont connue plus jeunes. J'ai pris le risque moi-même d'aller explorer la voie tantrique, lors d'un stage qui m'a beaucoup appris. Je comprends mieux maintenant pourquoi tant de jeunes seniors sont intéressés par *cette autre sexualité*, qui ne vise pas l'orgasme mais la connivence et la communion érotique avec l'autre. Une sexualité plus spirituelle, pourrait-on dire, puisque c'est l'approfondissement du lien intime – corps, âme, esprit – avec l'autre qui est recherché.

En vieillissant, la qualité de la jouissance change. Elle devient plus diffuse, plus pleine, plus comblante. Elle n'a plus ce côté obscur, impulsif, quasi autonome, emportant tout l'être comme une vague violente, relevant plus des pulsions que de *la conscience*. Quand nous vieillissons, nos corps ne sont plus des « machines à désirer », pour reprendre l'expression de Deleuze. Et tant mieux ! Nos corps deviennent des corps sensibles, vécus de l'intérieur, des *corporalités animées*.

C'est pourquoi Robert Misrahi se permet de dire que le ravissement charnel, lorsqu'il est *conscient*, gagne en richesse et significations. « L'être aimé se saisissant lui-même, par l'autre, comme peau et chair délicieuse, ne se sent pas objectivé (comme on le croit parfois) mais au contraire confirmé dans son incarnation même : il est le corps-sujet qu'on aime et qu'on admire... La caresse est alors l'entrée commune dans la suavité... chacun reconnaît alors dans son propre émoi la présence d'amour... Chacun dans la joie et le plaisir d'amour se réjouit de l'existence de l'autre et comme chair et comme esprit, chacun offre à l'autre et reçoit de l'autre une sorte de *présence totale*[1]. »

---

1. C'est moi qui souligne.

On notera comme le philosophe reprend à sa manière cette parole de Paul Valéry : « Ce qu'il y a de plus profond en moi, c'est la peau. » Dans le corps à corps avec l'autre, nous rencontrons ce qu'il y a d'inconnu et d'unique chez l'autre.

Il y a bien une région du pays des seniors dans laquelle on explore cette érotique du bonheur. Le plaisir charnel n'est pas un simple bouleversement charnel et génital. C'est une « joie active » qui emporte les corps et les consciences. « Une joie commune et partagée, par laquelle les amants s'emportent ensemble vers le ravissement extrême[1]. »

J'ai terminé mon voyage par les amours de vieillesse. Elles existent partout, mais se cachent souvent, car on ne porte pas sur elles un regard ému et bienveillant. Il y a cependant depuis peu une prise de conscience de la violence que nous faisons à nos âgés en ne respectant pas leur intimité.

J'espère enfin avoir contribué à changer notre regard sur l'avenir de notre liberté d'aimer et de désirer. C'est en protégeant cette liberté que nous pouvons espérer accomplir notre vie. J'ai tenté tout au long de ce livre de montrer que les modifications du corps à l'âge de la maturité n'empêchent pas, au contraire, l'accès à cette « haute jouissance » dont nous parle le philosophe Misrahi, puisqu'il s'agit d'une question de conscience, d'abandon à l'autre et finalement d'intimité. Une voie d'accomplissement, oui, car c'est lorsqu'on a éprouvé « la présence avérée de l'amour » dans nos vies, que vient la joie de l'accomplissement.

---

1. *La Joie d'amour, op. cit.*, p. 234.

Remerciements

Je remercie Macha Méril, Brigitte Lahaie, Annie de Vivie, le docteur François Parpaix, le docteur Olivier Soulier, Jean-Louis Terrangle, Éric-Emmanuel Schmitt, Jacques Lucas et Marisa Ortolan, tous mes amis et ces seniors, hommes et femmes, qui sous couvert d'anonymat, ont accepté de me parler d'un sujet très intime et tabou dans notre société, rompant ainsi la barrière de silence qui nous empêche de voir la réalité.

Table

Table

*Ce volume a été composé et mis en pages
par ÉTIANNE COMPOSITION
à Montrouge.*

Impression réalisée par

BRODARD & TAUPIN

La Flèche
en juin 2015

Dépôt légal : mars 2015
N° d'édition : 54952/02 – N° d'impression : 3011806
Imprimé en France